创业，从无到有

余茂生　编著

中国出版集团

现代出版社

图书在版编目（CIP）数据

创业，从无到有/余茂生编著. --北京：现代出版社，2015.10
ISBN 978-7-5143-4225-3

Ⅰ．①创… Ⅱ．①余… Ⅲ．①企业管理—经验 Ⅳ．①F270

中国版本图书馆CIP数据核字（2015）第252501号

创业，从无到有

作　　者	余茂生
责任编辑	李　鹏
出版发行	现代出版社
地　　址	北京市安定门外安华里504号
邮政编码	100011
电　　话	010-64267325　010-64245264（兼传真）
网　　址	www.1980xd.com
电子邮箱	xiandai@vip.sina.com
印　　刷	北京一鑫印务有限责任公司
开　　本	880×1230　1/32
印　　张	6
版　　次	2015年10月第1版　2022年7月第2次印刷
书　　号	ISBN 978-7-5143-4225-3
定　　价	35.00元

前　言

创办自己的企业，成就一番事业是很多人的梦想。2015年恰逢中央政府在两会后又大力推动"大众创业、万众创新"。包括笔者所在的成都市在内的各级地方政府也相继出台了大量鼓励政策，在法律法规、税收、财经等多个层面都出台了大量有利于创业的措施。

随着这些激励措施的出台，基本上现在是人人都在思考创业，人人都在准备创业。相信这一次的创业潮，必定会比20世纪80年代、90年代的创业潮产生更多的传奇和故事，会涌现出更多的财富神话。

歪打正着，我从2014年7月起，就开始关注创业者。我一手策划并组织了近30期的【卓商荟·创业故事】沙龙，总共邀请了31位创业者来到我们位于成都市红照壁航天科技大厦48楼里的"face-up cafe"（抬头咖啡），用访谈或者真人秀形式现场分享交流，总共有2000余人次观众到咖啡屋现场聆听和互动。

这些创业故事，有成功的经验，也有挫折，甚至还有创业失败导致的血的惨痛案例。但不论是经验还是教训，都让我们现场的创业朋友们能获得一手资料，能产生很多感悟，从而为创业朋友们提供有益的借鉴。

自从去年开办【卓商荟·创业故事】以来，基本上每天都有创业朋友来到我们"face-up cafe"，找我咨询了解创业当中的各种问题和困惑。正是因为我与大量的创业朋友有充分的交流，听到了这些创业朋友很多真实的创业故事，同时我能感受到大量的想创业的朋友们那种急迫但是又苦于没有人给他们做创业指导的焦急心情，所以才有了编著一本帮助他们顺利创业的指导用书的想法。

这是一本结合了大量创业成功经验，同时也吸收了大量创业失败的教训而总结出来的实用性书籍。目的就是帮助创业朋友少走弯路，把创业的风险降到最低，帮助创业人用最低成本到达成功的彼岸，实现他们的创业梦想。

有了这个想法后，我很快就拟定了本书的章节结构，但由于时间和精力原因，大量的基础工作我很难短时间内完成。很感谢，这个时候，邬勇先生站出来帮助我完成了大量的基础性工作。同时，四川日报集团《人力资源报》的记者张俊涛先生——他基本上参加了我们每一期【卓商荟·创业故事】沙龙，并把这些创业嘉宾的故事在《人力资源报》做了大量的报道——也为本书提供了部分案例支持。再然后，我邀请到了万翔博士撰写了第十二章法律这个部分的内容。本书的《商业模式设计》这一章节，除了有一部分是我的思想之外，还参考引用了房西苑先生所著的《资本的游戏》一书里的商业模式设计的部分精华内容。

在本书编著过程中，由于本人水平所限，难免会有不足，欢迎读者朋友提出意见和建议。您的意见可以通过邮箱476464198@qq.com发送给我，我会非常感激。

在本书整个编著过程中，还得到了另外很多朋友的关心和支持，在此一并致谢！

余茂生

目　录
CONTENTS

第十二章 选择企业的法律形态

第十三章 初创企业，要与互联网接吻

第十四章 商业计划书的撰写

第一章 为什么要创业

重点内容提要

· 创业与打工，不同的人生轨迹

· 创业是一种生活方式

· 成功创业者的习惯

---

1. 创业与打工比较，人生轨迹不同

在创业者中流传着这样的一句话："宁做创业狼，不做打工狗。"这句话也许让打工的人看到后很不乐意，但是话糙理不糙。细细想来，这十个字还真有一番道理。

狼为了寻求自由，不受管理的束缚，尽可能享受大自然提供的更多美味食物。它们天天在大草原上畅快地奔跑，快意地猎杀牛羊兔子，肆意地享受着阳光和自由的空气。它们就是草原上的主宰，它们就是牛羊兔子的老板。

而狗的生活恰恰相反，平时狗只能吃主人剩下的残羹冷炙，

被主人吆喝着到处忙活，没有自由，没有尊严，只有摇尾乞怜。狗的生活是有保证的，冬天到来时也不担心挨饿受冻，有主人的庇护，即便主人肆意打骂，狗们也多半不敢吭一声。

委曲求全是狗们的标签，为了稳定的饭碗，为了自己有一份固定的口粮，所以追求稳定安逸，但是狗们永远吃不饱，想离开主人家的狗窝但缺乏破釜沉舟的勇气。

因此，打工人生与创业人生的轨迹肯定是不一样的。

时间长了，打工者的性格与创业者的性格会有越来越大的差别。我们扪心自问：打工时间长的朋友是不是觉得更加患得患失，害怕外面陌生的世界，害怕失业的危险，心灵变得越来越敏感和脆弱？

心态不仅逐渐地疲惫和懒惰，整个人也没有了锐气和精神，只好安慰自己知足常乐，淡泊名利。但是生活变得越来越平庸，家庭的经济负担越来越沉重，房子和孩子教育日渐成为自己脖子上的经济绳索，勒得越来越紧，透不过气来，只好调整自己的心态，让自己逐渐适应城市小爬虫的定位：自己本来就是庸人，庸人何必自扰之；发财是人家的事情，咱没有那命。

最恐惧的第一件事情莫过于听到公司效益不好，要裁员的消息；最要紧的事情和领导搞好关系，坚持学习恭维逢迎拍马屁，入乡随俗嘛。思想麻木了，只好随大流，毕竟饭碗在领导或老板的手心里面，想让你滚蛋，你就得滚蛋。

最恐惧的第二件事情，是看到自己年龄日渐增长，可是自己的工作技能却没有获得任何提高。虽然靠着资历老工资也越来越多，可是看着那些新进来的年轻大学生，生龙活虎地干活，却只要那么一点的工资，老板的敲打在耳边响起：看人家年轻人吃得少干得多，老革命越老越不行了。

打工生涯的结果是越老越贬值，尤其到了40～50年龄段，简直是事业最悲惨的阶段，时刻濒临深渊，如同蹚地雷阵，动辄裁员失业。有人说过去10年是蓝领工人失业的高峰期，未来10～20年将是白领工人下岗的高峰期，您以为自己曾经读过大学就是精英了？社会不断进步，您的知识结构，身体素质，职业理念早就不如人家刚毕业的大学生了。老板是现实的，肯定率先在遇到危机时裁掉那些40～50年龄段的白领工人。所以说您现在有个稳定的工作，您觉得安全，其实等于在您身边安了颗定时炸弹，等到10多年后，它会爆炸，您那时失业的痛苦与代价恐怕要比现在残忍100倍。

如此看来，打工的风险比创业更大。

"宁愿睡地板，也要做老板"，这就是为什么我们要选择创业，我们不要过那种委曲求全，没有自由、没有尊严的生活，尤其不要让我们人生轨迹走得那么悲催，走得那么无奈和痛心！

2. 选择创业就是选择了一种生活方式

【卓商荟·创业故事】第26期沙龙分享故事：

创业是一种生活方式

对于成都武安驾校7002分校的负责人余茂华来说，他愿意将创业定义为自己的一种生活方式。"生命不息，折腾不止。"他经常在演讲的最后用这句话来勉励自己和与他一样正在创业或者打算创业的朋友们。

针对驾校行业的陋习，他们驾校大胆提出了建设"没有潜规则的驾校"的目标，他们不准许团队的任何教练向学员索取或者收受礼品、烟酒、宴请或者现金。学员能否顺利报考并通过考试，完全取决于学员的学习成绩。

自从创业以来，余茂华和他的教练团队50人基本上过上了苦行僧一般的生活。他们驾校在成都双流和锦江区的三圣乡幸福梅林各有一个驾校训练场地，两个训练场地间隔有不短的距离，余茂华不得不经常在这两个场地间往返巡视。他基本上每天7点钟起床，开车接学员去训练场地。然后是上午紧张的驾驶教学，中午学员们可以休息一下，但是教练们还得给其他学员一个挨一个的打电话提前通知他们准备好训练学习时间。然后下午又是紧张的学员训练教学。晚饭匆匆吃过后，又开始了晚上3个小时的学员教学，晚上教学结束后回到家基本上已经是11点钟。一年中除了难得的春节几天假期休息外，其他时间基本上每天如此度过。

以前的余茂华，并不喜欢公开亮相。但现在，为了能够让更多的学员了解他们的学校，他还主动去大学或者其他沙龙做公益演讲。

"创业是我的一种生活方式，也是一种生活态度。"余茂华校长说，"我自己个人还需要提升，我们的团队也还需要提升。"非常务实的他，现在每天抽出时间学习。他说，创业路上哪怕有再多的困难，他都会努力克服。

3. 成功创业者会形成的好习惯

大凡成功的创业者，在长期的高强度的创业历练中，必定会形成以下几个好习惯：

第一个好习惯，成功创业人总是更喜欢行动而不是纸上谈兵。

他们会花一点儿时间计划，然后将大量的时间投入在行动上。哪怕计划不是很完善、计划不很确定，他们仍然会有可能先做点什么，然后根据情况变化做出适当的反应。

第二个好习惯，成功创业人只愿意在真正触动客户的地方花钱。

在花钱之前，他们总会先问自己这能触动客户吗？如果不能触动客户带来利益，就会思考采取别的方式，而不是无休止地把钱花出去。

第三个好习惯，成功创业人视烧钱为失败之源。

当您钱多到烧钱也无所谓的时候，取得短期的成功很容易。而没有后续资金跟上您就得精打细算，从困难中破茧而出，而不是仅仅烧钱去解决问题。

第四个好习惯，成功创业人将大多数时间花在能够切实达成的目标上。

比如几乎每个初创公司都梦想找到大市场，但这些人是很难找到的。还是制定能够切实达成的目标，寻找那些有可能抓住的机会吧！然后就可以用积累的客户群体在积累中学到的经验来成功俘获更大的客户。

第五个好习惯，成功创业人从不将生存下去视为一种权利，他们更认可"能不能为他人创造价值"。

无论您多么努力工作，没人有义务买您的东西。公平只存在于您是否给客户提供了有价值的产品/服务，以及怎样与客户、供应商、销售商等谈判沟通。您应当成功或者失败与"公平"一毛钱的关系都没有。没人有义务保证您赚钱——除非您自己。

第六个好习惯，成功创业人不做创造不了收益的事。

作为创业人，做任何事都要创造收益，不做那些难懂的电子表格也不做那些华而不实的报告。最小化管理任务，集中精力在那些能创造利润的事情上。如果所做的事没有收益，成功创业人会放弃。

【卓商荟·创业故事】第7期沙龙分享故事：

创业，我要用伤口来呼吸

四川艾明物业管理有限公司董事长戚鑫身上散发着一股对成功者而言可贵的朴素气息，他的创业是用抹布一点一点擦出来的，他经历过的痛苦与彷徨常人难以想象。但一切的付出都有了回报，最终他凭借着汗水与坚持，突破了体制的束缚，趁着改革大潮冲出水面，呼吸到了心中渴望已久的新鲜空气。

戚鑫是税务专业出身，在20世纪80年代，考取大学并不容易，他是当之无愧的天之骄子。毕业后，戚鑫被分配进雅安的一家航空仪表厂工作，成为一名国家干部。"或许我将在这里度过一生了吧"年轻的戚鑫这么想到。但现实总是残酷的，工作一段时间后，戚鑫发现自己不得不面临一个非常现实的问题：由于仪表厂属于军工企业，出于隐蔽性考虑，选址在大山深处，女性资源稀缺。找不到媳妇难道要打一辈子光棍？这可绝对不行！戚鑫费尽九牛二虎之力，终于回到成都老家，没承想，竟然还顺利端上了"金饭碗"——进入银行工作。

银行可是个好地方，轻松长脸福利高。戚鑫成功"打进"银行，全家人都与有荣焉，他自己也因此得意了好一阵子。在那个时期，银行柜员可都是"大爷"，群众存款办业务都得看他们的脸色，逢年过节还有奖金福利，不久戚鑫就被养胖了一圈。

就这么工作了七个年头，最初的激动和小虚荣全被时间磨成了麻木。每天早晨，戚鑫踩着钟点端着茶杯走进银行，他喝一口热茶，缓缓展开报纸，一早上就悄无声息地偷偷溜走。下午又该怎么办呢？百无聊赖的他又把报纸捡起重头再读，就连夹缝里的征婚广告也被反复看上了好几遍。每月戚鑫需要做的只是按时领取工资，在月初，他可以预见到月末的生活；在年头，他可以预见到年尾的日子，这样的"稳定"使他陷入彻底的绝望。

日子不能这么过！大好青年戚鑫要找到自己生命的价值，他不能再眼睁睁看着自己陷入"上班看报，下班回家"的怪圈，不能忍受生命被如此浪费，他决定必须做出改变。

戚鑫的创业是从当保洁员开始的，随着市场经济的大潮轰轰烈烈，他也萌生出了辞职创业的念头，而他看中的，正是当年几乎为一片空白的保洁行业。千言万语也道不尽创业路上的艰辛，戚鑫从曾经高高在上的"银行大爷"，一下子沦落为人人白眼的小保洁员。他求过人、咬过牙，出透了汗水、干尽了脏活，曾经腆着脸回工作过的银行拉生意、也曾被保险公司的前台轰出大门。在最艰难的时刻，他也曾动摇过："回去吧，回去算了。"但是甩一甩头，他又独自咽下这个念头。创业虽然艰苦，但创业的每一天都是生命价值的伟大见证。

戚鑫渴望呼吸自由的空气，摆脱麻木的束缚，他挥拳一击、挺脊而立，用艰苦的创业改变了一成不变的绝望人生。戚鑫创办的艾明物业公司，经过多年发展，从他创业之初的3名员工发展到现在拥有4000多名员工，在四川、重庆地区物管行业已经占有一席之地。

诱惑与屈辱没能裹住戚鑫的脚步，正是因为他心中有着追求人生价值的这份呐喊。创业，不忘初心，放得始终。

第二章 创业前的准备

重点内容提要

- 创业者面临的挑战
- 从创业者角度认识自己
- 成功创业者应该具备的潜质
- 常用的人格特征测试工具

有创业梦想，有创业激情，是好事。可是，如果准备工作不充分，那么等着我们的就只有失败一条路。精神可嘉，做法可怕，用在那些有创业激情但根本没有做好创业准备的朋友身上，应该是非常准确的吧。作为创业者，会面临哪些挑战呢？我们创业前应该做好哪些准备呢？

1. 创业人面临的挑战，主要有两部分

一部分是自身的，如创业前的是否有充足的思想心理准备，

健康的身体、个人经验与技能的准备。

还有一部分是非自身因素的，如团队、市场、产品因素、意外灾害等。

根据很多创业人的经验和教训，我们归纳了创业前必须要做好的如下准备工作。

1）创业对您自身的挑战

A. 思想上心理上的准备

要创业，我们应该先问问自己：我创业的理想是什么？我在思想上准备好了吗？特别是对创业过程中的各种困难有没有足够的思想准备？

有人说，创业是一种生活态度。也有人说，创业是一种生活方式。我们选择了创业，就意味着选择了一种生活方式。这种生活方式，可能会是这样的：

· 经常会有缺钱的焦虑（很不幸，这个可能会是很多创业人相当一段时间内的常态）；

· 经常会有企业找不到发展方向的苦闷；

· 经常不能按时下班（偌大的办公室，就您一人在灯下苦熬）；

· 经常不能休假陪家人；

· 很难找到合适的员工；

· 经常请员工happy，目的是为了留住员工，让员工跟自己好好干；

· 感觉自己是在给员工打工……

建议您，静下心来，关上您的门，关掉您的手机，向内心的您问一问以上这些问题。

　　创业远非想象的那么简单。对一个创业者来说，创业的艰辛不是一两句话能说清的，可能经常陷入资金、人事、市场的各种困境。创业过程中会有无数障碍和困难。只要有一个问题不解决，一个障碍迈不过去，就会前功尽弃。既然创业没有平坦的大道，就要把困难想得多一点儿，要有历经挫败而热情不减的精神。

　　创业就要勇于承担失败和挫折。创业成功自然皆大欢喜，创业失败也不要自暴自弃，更不要因创业失败背负的债务而不珍惜自己的生命。

　　创业者要有豁达的心胸，要有遇事处变不惊的闲庭信步。

　　对创业者来说创业失败也不过是从头再来而已，史玉柱就是最好的例子。

　　自己若不能承受创业失败的心理，就没有必要投身这股创业大潮中，自己按部就班准时上下班，每天单位家庭两点一线情侣孩子担担面也不失为一种惬意的人生。

　　而对于想创业的创业者来说，这就是挑战，在心理上遇弱还强遇强更强。只要在心理上打败自己另一面的不自信，创业也不是什么难事。只不过是让自己人生更加丰富多彩而已。

　　好了，思考完毕。不管是哪一种情况，只要我们在思想上对创业充满了向往充满了想搏击大海风浪的激情，同时也能坦然接受创业失败这个挫折，那么恭喜，您就踏出创业成功的第一步了。

　　分析了自己目前的状态，如果创业在您思想上充满了迫切感，每天睁开眼脑海中闪现的都是想创业的项目或方案，走在路上看到各类商铺心中想到的都是他们怎么运营是赚钱还是保本，遇到熟人都要为自己创业的项目或方案咨询讨论半天，晚上上网查资料往往熬夜到深夜，甚至连做梦都是怎么创业。在这样的状态下，我们认为您创业的思想基本上才算准备好了。

案例：

从失败典型到东山再起的创业狂人——史玉柱

1992年，巨人集团的资本超过1亿元，史玉柱本人也被罩上各种各样的光环，迎来第一个事业高峰。

20世纪90年代中期，当年"十大改革风云人物"之一的史玉柱决意在美丽的珠海盖一栋自己的大厦，可在他一次又一次和总理握手之后，这栋原本18层的房子骤然间被拔高到70层，史玉柱意气风发地决心要盖中国第一高楼，虽然当时他手里揣着的钱仅仅能为这栋楼打桩。联想集团总裁柳传志这样形容当时的史玉柱："他意气风发，向我们请教，无非是表示一种谦虚的态度，所以没有必要和他多讲。而且他还很浮躁，我觉得他迟早会出大娄子。"

正是在这样的担忧和预言下，巨人大厦很快坍塌下来。"当我真正感到无力回天时，就完全放松了！"但史玉柱在负债2亿元时还能避免崩溃。当时的史玉柱无力回天，好几个月没给员工发工资了，但是，史玉柱的核心干部竟然没有一个人因此离开。史玉柱在忠诚团队的支持下，决心东山再起。

史玉柱在朋友的好心帮助下，一下又焕发出事业的第二春。选择依靠保健品，通过努力打拼，终于使自己成功东山再起。

B. 创业需要健康的身体准备

创业是一个艰苦漫长且压力巨大的过程，所以创业人必须要有一个健康的身体，才能支撑创业人走完创业全程。

身体健康、体力充沛、精力旺盛、思维敏捷是创业者进行创业的前提条件，因为创业是遭受身心磨砺的过程。工作繁忙、压力大，如果身体素质不好，必然力不从心，难以承受创业上的各种艰难险阻各种暗礁险滩冲击，必然导致创业半途而废，也使得投入的创业资金流水落花春去也。

身体是创业的本钱，本钱没了，还怎么创业？

所以，作为创业者一定要做到劳逸结合，有张有弛，再忙也要抽出时间休息和锻炼。美国总统奥巴马应该很忙吧？他每周都有六天时间锻炼，每天45分钟，他起床第一件事就是走进健身房；俄罗斯总统普京也很忙，但他都能抽出时间骑马、跑步、游泳、跆拳道等等，他那健美的身材不就很说明问题吗？

您可能说这是大国总统，那我们看看经常在微博上秀跑步的潘石屹夫妇，潘石屹的企业一年几十个亿的销售规模您说他不忙吗？但他都能抽出时间来锻炼。潘石屹的身材应该是保持得很好的。

假如我们创业者创业成功后拥有10000000……人民币，1代表创业者的健康，如果1没有了，后面N多个〇还有什么意义吗？

因此，创业者在思考创业的时候，必须看看自己的身体健康准备好否，能否保证身体在创业过程中承受身心和肉体上更大的压力。

C. 专业技能的准备

技能是创业成功的一大保障。这也就是为什么我们建议初次创业者选择自己熟悉的行业创业。自己熟悉的行业，产品、市场都十分的了解，技能和经验都相对熟悉。这也就保证了创业的成功。

也许有些人会问，照您这么说，不熟悉的行业就不适合创业了？任何事物都有两面性，也不能说不熟悉的行业不能创业。如果您选择了不熟悉的领域创业，也必须做好详细的市场调查，做好详细的行业现状调查，并且要做详细的行业发展前景预判。只有这样，才能明白自己的项目在这个领域有哪些机会，有哪些威胁，也才能明白自己有哪些优势，有哪些弱势。

总之，要保证创业成功，技能一定要具备，不一定需要您有多精通，至少您能够了解。

这也就是为什么那些开面馆开饭店开卤菜店的老板在自己店面开业前需要到已经开业的店里打工，哪怕工资很少他都会干的原因，无他，就是学习经验和技能。

2）非自身因素对创业者的挑战

A. 各种您没有预料到的风险

创业的未来成功或者失败是不确定性的，这必然使得创业者要具备较强的抗风险能力。前面说过创业者心理上的承受风险能力，这里再说说创业过程中的风险。创业过程中有哪些风险呢？

第一，行业风险。在创业过程必然会遇到行业上的生命周期、行业的波动以及行业内的集中程度影响。作为初创企业遇到行业调整就必然存在着风险。

第二，市场风险。作为企业，不可能不参与市场竞争。这就会遇到市场接受您项目或者产品的时间、价格、需求量以及营销策略的风险。一旦市场不接受，前期的准备工作都会白做。

第三，技术产品风险。您的产品技术过关吗？产品质量能保证吗？

第四，资金风险。创业者的资金能否保证正常周转而不会导致创业失败。

第五，管理风险。在创业过程中存在着管理者素质、决策、组织、人才等等的风险。哪一个环节没处理好就有可能导致创业失败。

第六，法律责任风险。创业过程中因产品、服务、经营场所的缺陷以及员工行为而给他人造成的财产和人身侵害承担的法律责任风险。这一点作为创业者千万不要漠视，稍有不慎就会使得创业失败。

创业者要提前规避这些风险，并且还必须要有抵抗这些风险的能力。风险来了沉着应对，尽量降低减少风险、规避风险，重要的是要学会转移风险。这样，我们在创业中的抗风险能力就会大大增强。

B. 创业项目的准备

作为创业者，已经做好了创业所需要的思想准备和心理准备，紧接着我们就要思考我们用什么项目来创业。选择什么样的项目是创业的关键。试想，没有项目，创业从何处着手？巧妇也难为无米之炊呀！

怎么来选择项目？这就要根据创业者自身的情况来决定，您是：

选择大众市场项目还是选择小众市场的项目？

选择您最熟悉的行业还是自己不熟悉的行业？

是开发APP软件、网络游戏推广还是在网络平台开网店？

生产制造产品还是代理销售产品？

做成熟的市场还是自己来培养市场？

政府对这个项目所在行业有无支持政策？

选择项目的所在行业是朝阳产业还是夕阳产业？

C. 创业团队合作

创业团队能否长久，就要看大家能不能互相配合互相理解，选择创业团队最好是志同道合的，认可您创业理念的合伙人最佳。

当然，组建创业团队，会涉及合伙人选择、股权设置、团队管理等，我们会把以上几个问题单独安排成本书的第四章、第五章、第六章来分别详细讲述。

创业团队准备就绪后，您就可以开始创业了。

D. 资金上的准备

推动项目或者产品落地就离不开创业资金。我们的资金，是采取合伙人制共同出资还是独资？如果是独资，自己怎么样筹集这笔创业资金？是贷款还是找亲朋好友借？还是利用自己多年的存量资金？

如果是合伙制，那么每个合伙人出资多少，股权怎么分，利润怎么分，都要仔细地设定好。然后在工商部门登记注册，在规定的时间里要求合伙人把投资资金打入规定的账户，必须做到收支两条线，否则就是一本糊涂账。

创业的资金准备好了，OK！我们就可以行动了。租用办公室、聘请员工等等创业的工作就可以开展了。

E. 商业模式设计上的准备

项目有了，创业团队在思想上也得到高度的统一了，创业核心人物也就是您这个创业发起人的理念也得到认可了，创业资金也准备好了，万事俱备只欠东风了。那是不是说我们创业就一定会成功呢？也不尽然，在这个时候我们更应该保持大脑的清醒，让我们的团队大脑集体来一次暴风骤雨般的碰撞：创业采用的商业模式是什么？

换句话说就是我们创业采取什么方式来赚钱？简言之，饮料公司通过卖饮料赚钱，快递公司通过递送快递件赚钱，面馆通过煮熟的一碗碗香喷喷火辣辣的面条赚钱，创业者您呢？通过什么方式来赚钱？这就要从创业者选择的什么项目或产品的特性入手来做好商业模式设计。

商业模式设计上的准备工作一定不能马虎了事，一旦选择错误，后果就不堪设想。

【卓商荟·创业故事】第2期沙龙分享故事：

机会总是留给有准备的人

对于成都零零柒科技有限公司的董事长"电子男"吴鸿浩来说，创业就是不断将头脑中的技术变成手里的金钱。他不是埋头苦干的"天然呆"。他关心国家大事、关注宏观规划、观察产业上游，"谋定而后动"是他的座右铭。他说："创业就是一切准备就绪后，自然而然的出发。"

1998年，学习电子专业的吴鸿浩刚毕业一年就被总公司派到了成都办事处做技术代表，从此就与成都结下了不解之缘。好景不长，没到一年时间办事处运营不下去了，失去了依靠的吴鸿浩不甘心就这样灰溜溜地逃走，他决心留在成都，好好闯一闯。

作为"电子男"，吴鸿浩眼中的所有电子产品在原理上都基本相同，电路板回路、电子集成、电气元件全都像列队等待检阅的士兵，一目了然。"我既然有这么好的技术，为什么不创业呢？"吴鸿浩的心思活泛起来。他发现很多公司花一万块买的打印机，一旦用坏了就一两百块当成废品处理；而市面上二手打印机的价格在两千到五千元一台，两千块已经算是贱卖了。"我能不能低价收购废品打印机，修好了以后按二手价格卖掉呢？"修打印机对吴鸿浩来说是小菜一碟，他一下子找了把技术变现的途径。技术和市场既然都已经准备就绪，那么开公司就是水到渠成的事了。靠着这份手艺，吴鸿浩赚到了人生中的第一桶金。

光靠修打印机当然不是长久之计，公司急需转型，引入新的项目。往哪方面转型？吴鸿浩的目光还是死死锁定在自己的拿手好戏——电子领域上。那个年代正赶上计算机在国内飞速发展的好时候，吴鸿浩敏锐地发现路由器、交换机等网络设备是个大有前途的市场。经过详细考察，他越发确定了自己的判断，万事俱备，说干就干！吴鸿浩一头扎进了网络设备的"奶油蛋糕"，再次混了个腰圆肚饱。

蛋糕总有吃完的时候，没过几年，网络设备的市场竞争逐步加剧，利润减少，吴鸿浩的公司又转型做了系统集成。这些年他始终扎根在电子技术领域闪转腾挪，摊子越来越大，钱却没存下多少。痛定思痛，吴鸿浩开始总结经验，他发现主要原因就在于自己只懂技术，不懂财务和管理，创业这些年钱是没少赚的，但赚来的钱又花了出去，到头来还是竹篮打水一场空。"如果当初在创业前多掌握财务和管理知识，那我现在的事业肯定还能更进一步！"吴鸿浩不无遗憾地说。

如今吴鸿浩又把目光聚焦在了智能领域，在他看来，当今时代的企业必须紧跟国家趋势和时代潮流。智能家居、智能社区正是国家大力支持的潮流项目，这样的机遇一旦错过就很难再来。早在2012年，吴鸿浩已经先人一步砍掉了公司大部分业务，集中精力发展智能项目，凡事预则立，不预则废，面对着工业、商业、住宅这三块巨大的智能市场空间，他要赶在产业彻底爆发之前提前做好准备，这就是吴鸿浩的"生意经"。

2. 从创业者角度认识自己

"认识你自己。"年老的苏格拉底的这句箴言，对创业者来说有了更具体的含义。创业行为的根本还在于"创业者"本身。人们缺少的不是创业热情，而是理性。所以，在创业之前，一定要冷静下来想想，自己离预期目标有多远的距离，并结合自身的优势、劣势、拥有的资源等做出理性的判断。把相关的东西都想透了，自主创业成功的概率就会大大增加。

我能成为一个企业老板吗？如何成功创业？这些都是创业人

经常问的问题。我们从很多企业老板成功或者失败的创业经历中总结出了关于成功创业的一些关键因素，即创业动机、经验和能力、创业资源。这三点，应该是成功创业的基本条件。

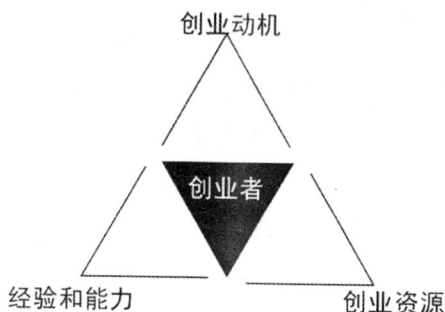

图1：成功创业的三大要素

1）创业动机

什么叫做创业动机？说得通俗一点，创业动机就是有关创业的原因和目的，即为什么要创业，为何创业的问题。行为心理学认为："需要产生动机，进而导致行为。"创业的直接动机就是需要。

创业的动机是你能否成功创业的前提和基础，所以在创业前要正确评价自己的动机，动机越强烈，目标越明确，创业的成功率越高。

另外，创业不是一帆风顺的，创业路上会碰到很多失败和挫折。强烈的创业动机是创业者面对困难和失败时候保持信心和毅力的关键。

2）经验和能力

要想成功创业，创业者还必须具备相关的社会经验和专业能力。包括与人沟通的经验、对外公关的经验、相关行业经验，还必须具备企业的管理能力等。

完成下面的小测试，评价一下自己的创业潜力。

创业测试题

针对创业者在家庭背景、童年经历、主要价值观、个性等方面共同特征的研究越来越多。下面的测试题可以测验一下你创业的潜质，看看你是否具有创业者所应具备的潜质。这些问题并不是你未来成功与否的标准，不过它也许可以告诉你应该从何处入手以及你需要进一步提高的素质。回答"是"或"否"。

测试题：

1.你父母有过创业的经历吗？

2.在学校时你学习好吗？

3.在学校时，你是否喜欢参加群体活动，如俱乐部的活动或集体运动项目？

4.少年时代，你是否更愿意一个人待着？

5.你是否参加过学校工作人员的竞选或是自己做生意，如卖柠檬水，办家庭报纸或者出售贺卡？

6.你小时候是否很倔强？

7.少年时代，你是否很谨慎？

8.小时候你是否很勇敢而且富于冒险精神？

9.你很在乎别人的意见吗?

10.改变固定的日常生活模式是否是你开创自己的生意的一个动机?

11.也许你很喜欢工作,但是你是否愿意晚上也工作?

12.你是否愿意随工作要求而延长工作时间,可以为完成一项工作而只睡一会儿,甚至根本不睡?

13.在你成功完成一项工作之后,你是否会马上开始另一项工作?

14.你是否愿意用你的积蓄开创自己的生意?

15.你是否愿意向别人借东西?

16.如果你的生意失败了,你是否会立即开始另一个?

17.(接上题)或者你是否会立即开始找一个有固定工资的工作?

18.你是否认为作一个企业家很有风险?

19.你是否写下了自己长期和短期的目标?

20.你是否认为自己能够以非常职业的态度对待经手的现金?

21.你是否很容易烦?

22.你是否很乐观?

分数计算法:

1.是:加1分   否:减1分

2.是:减4分   否:加4分

成功的企业家照例都不是学校的好学生。

3.是：减1分 　　　　否：加1分

企业家们在学校时，似乎都不太热衷于集体活动。

4.是：加1分 　　　　否：减1分

研究显示，企业家们在少年时代往往更愿意一个人待着。

5.是：加2分 　　　　否：减2分

开创生意通常从很小开始。

6.是：加1分 　　　　否：减1分

童年时的倔强似乎可以理解为按照自己的方式行事的坚定决心——成功企业家的典型特征。

7.是：减4分 　　　　否：加4分

谨慎可能意味着不愿冒险。这对于在新兴领域开创事业可能是个绊脚石。不过，如果你希望作一个经销商，这一点不会有什么影响，因为多数情况下供货商已经考虑到各种风险。

8.是：加4分

9.是：减1分 　　　　否：加1分

企业家们往往不在乎别人的意见而坚持开创不同的道路。

10.是：加2分 　　　　否：减2分

对日常单调生活的厌倦往往可以坚定一个人开创自己事业的决心。

11.是：加2分 　　　　否：减6分

12.是：加4分

13.是：加2分 　　　　否：减2分

企业家一般都是特别喜爱工作的人。他们会毫不拖延地进行一项接一项的计划。

14.是：加2分　　　　否：减2分

成功的企业家都会愿意用积蓄资助一项计划。

15.是：加2分　　　　否：减2分

16.是：加4分　　　　否：减4分

17.是：减1分

18.是：减2分　　　　否：加2分

19.是：加1分　　　　否：减1分

许多企业家都把记下自己的目标作为一种习惯。

20.是：加2分　　　　否：减2分

以正确的态度处理经手的现金对企业的成功至关重要。

21.是：加2分　　　　否：减2分

企业家们的个性似乎都是很容易厌倦的。

22.是：加2分　　　　否：减2分

乐观的态度有助于推动你在逆境中取得成功。

说明：

15分到44分——非常合适。

如果您得分在15分以上（包括），那您应该说是个"老板坯子"了。

0分到14分——很有可能。

您的人生其实可以有许多选择，包括选择自己创业还是就做个高级白领。你的智商和情商发展均衡，这意味着你在很多选择中可进可退，可攻可守。

-1分到-15分——也许有可能。

如果你非要走创业之途，应该说也有属于自己的机会，但首先要克服很多困难，包括环境，也包括您自身的思维方式与性格制约。

-16分到-43分——不建议您开办自己的公司。

你应该仔细考虑自己是否适合创业，因为您的才华可能并不在这方面。也许为别人工作或是掌握某种技术远比做企业更适合您，可以让您更好地享受生活的乐趣并且充分发挥自己的能力，发展自己的兴趣。

3）创业资源

创业资源是指新创企业在创造价值的过程中需要的特定的资产，包括有形资产与无形资产。它是新创企业创立和运营的必要条件，创业需要具备充足的资源，资源不足团队成功的概率会降低。创业者需要具备的资源包括资金、房屋、原材料、设备、人员等。另外，还需要具备一些基础设施，如水电、电话、道路和外部的支持服务，如智慧方面的支持（专家、智库等）、政府的政策支持等。

3. 成功创业人应该具备的潜质

创业是一个逆淘汰的过程，那些幸存下来的创业者肯定都具备了自身的一些潜质。作为创业者我们必须认清自己具有哪些方面的潜质，明白了我们也才能知道创业路上有哪些不足，我们该怎么应对。

第一，要有务实和坦诚的潜质。

创业者时刻要保持一种简单、实事求是的心态，不能好高骛远，这山望那山高。知道自己实力和能力，能做什么和不能做什么。务实，才能让创业者走得更稳健，走得更从容。

同时，创业者还需要有足够的胸怀和气度，虚心，知道自己坚持什么，放弃什么，懂得坦诚相待，在成员之间关系简单、少内耗、担责任、分享成果。

第二，要有一定要成功的强烈欲望。

我们创业者必须保持强烈的欲望，要知道我们只能靠创业才能改变我们目前的处境，才能提高我们的地位，积累财富，从而构成创业人生的"三部曲"。因为有强烈的欲望而不甘心，而创业，而行动，而成功，这是大多数白手起家的创业者走过的共同道路。

强烈的欲望往往就是创业的最大推动力。

第三，要有强忍耐力的潜质。

在创业的路上，创业者要付出怎样的代价和努力？我们要忍受多少常人不能够忍受的屈辱和憋闷、痛苦甚至屈辱？这种心情只有创业过的人最清楚。忍耐力的潜质，对创业者来说是必须具备的品格。对创业者来说，肉体上的折磨算不得什么，精神上的折磨才是致命的。如果有心创业，一定要在心里先问问自己面对肉体和精神上的折磨，我们有没有那样一种宠辱不惊的"定力"与"精神力"。如果没有，一辈子给别人打工也不失为一种人生的选择。

第四，要有顺势而为的判断潜质。

势就是趋势，要想赚钱，就得做对方向，这个方向就是势。创业者一定要跟对形势，要研究政策这就是大势。对一个创业者来说，大到国家领导人的更迭，小到乡镇芝麻官的去留，都会对创业者有影响。在政策方面，国家鼓励发展什么，限制发展什么，对创业方向甚至创业成功和失败都有莫大的关系。做对方向事半功倍，做反方向，往往鸡飞蛋打一场空。

势也指市场机会。市场上时兴什么，流行什么，人们喜欢什么不喜欢什么，都可能是创业者需要确定创业的方向。那种逆潮流而动的创业，即使使再多的劲，洒再多的汗，流再多的泪，也不能使创业成功。

创业者一定要明时势，不但要明政事、商事，还要明世事、人事。顺势而为，才能顺水行舟，这是一个创业者必须具备的创业潜质。

第五，要有人际交往能力的潜质。

每一个人创业，都必然有其凭依的条件，也就是其拥有的资源。一个创业者的素质如何，看一看其建立和拓展资源的能力就可以知道。创业者的资源，可分为外部资源和内部资源两种。内部资源主要是创业者个人的能力、其所占有的生产资料及知识技能、家族资源等。拥有一份良好的内部资源，对创业者个人来说无疑是重要的。

但外部资源的创立同样不可或缺。其中最重要的一点是人脉资源的创立，即创业者构建其人际网络或社会网络的能力。一个创业者如果不能在最短时间之内建立自己最广泛的人际网络，那他的创业一定会非常艰难，即使其初期能够依靠领先技术或者自身素质，比如吃苦耐劳或精打细算，获得某种程度上的成功，我们也可以断言他的事业一定做不大。

第六，要有敏锐商业嗅觉的潜质。

创业者的敏感，是对外界变化的敏感，尤其是对商业机会的快速反应。

潘石屹现在是商界的红人，潘石屹成为红人有他成为红人的理由。有谁能够从别人的一句话里听出8亿元的商机，而且是隔着桌子的一句话，是几个不相干之人的一句话？1992年，潘石屹还在海南万通集团任财务部经理，随着海南楼市泡沫的破灭，冯仑等人决定将万通移师北京，派潘石屹打前锋。潘石屹奉冯仑的将令，带着5万元差旅费来到了北京。

这天，他在怀柔县政府食堂吃饭，听旁边吃饭的人说，北京市给了怀柔四个定向募集资金的股份制公司指标，但没人愿意做。在深圳待过的潘石屹知道指标就是钱，潘石屹立即将这个信息告诉了冯仑，冯仑就在电话那头告诉潘石屹："8最吉利，就注册8个亿吧。"

北京万通就这样，在什么都没做的情况下，拿到了8个亿的现金融资。这就是潘石屹那个"一言8亿"的传奇故事。潘石屹能赚到这笔钱不是出自偶然，而是源于他的商业敏感。

创业者的商业感觉是天生的，如胡雪岩，更多人的商业感觉则依靠后天培养。如果您有心做创业者，您就应该像训练猎犬一样训练自己的商业感觉。良好的商业感觉，是创业者成功的最好保证。

第七，要有想赢也敢输的心理潜质。

创业本身就是一项冒险活动。要有胆量，敢下注，想赢也敢输，创业是最需要强大心理承受能力的一项活动。

很多创业者在创业的道路上，都有过"惊险一跳"的经历。

当年周枫带人做婷美，一个500万元的项目，做了两年多，花了440万元还是没有做成。眼看钱就快没了，合作伙伴都失去了信心，要周枫把这个项目卖了。周枫说，这么好的项目不能卖，要卖也要卖个好价钱。合作伙伴说，这样的项目怎么能卖到那么多钱，要不然您自己把这个项目买下来算了。周枫就花5万元钱把这个项目买了下来。原来大家一起还有个合伙公司，作为代价，周枫把在这个合伙公司的利益也全部放弃了，据说损失有几千万元。单干的周枫带着23名员工，把自己的房子抵押了，跟几个朋友一共凑了300万元。他把其中5万元存在账上，另外的钱，他算过，一共可以在北京打两个月的广告。从当年的11月到12月底，他告诉员工，这回做成了咱们就成了，不成，你们把那5万元分了，算是你们的遣散费，我不欠你们的工资。咱们就这样了！这些话把他的员工感动得要哭，当时人人奋勇争先，个个无比卖力，结果婷美就成功了。周枫成了亿万富翁，他的许多员工成了千万富翁、百万富翁。

创业需要胆量，需要冒险。冒险精神是创业家精神的一个重要组成部分，但创业毕竟不是赌博。创业家的冒险，迥异于冒进。什么叫冒险，什么叫冒进？冒险是为了这样一种东西，您经过努力，有可能得到，而且那东西值得您得到。否则，您只是冒进，死了都不值得。创业者一定要分清冒险与冒进的关系，要区分清楚什么是勇敢，什么是无知。无知的冒进只会使事情变得更糟，您的行为将变得毫无意义。

第八，要有善于分享的潜质。

作为创业者，一定要懂得与他人分享。一个不懂得与他人分享的创业者，不可能将事业做大。只有当老板舍得付出，舍得与员工分享，员工的生存需要、安全需要、尊重需要才能从老板这里都得到满足。员工出于感激，同时也因为害怕失去眼前所获得的一切，就会产生"自我实现的需要"，通过自我实现，为老板做更多的事，赚更多的钱，做更大的贡献，回报老板。这样就构成了一个企业的正向循环、良性循环。这应该是马斯洛理论在企业层面的恰当解释。

分享不仅仅限于企业或团队内部，对创业者来说，对外部的分享有时候同样重要。在南存辉的发家史上，曾经进行过4次大规模的股权分流，从最初持股100％，到后来只持有正泰股权的28％，每一次当南存辉将自己的股权稀释，将自己的股权拿出来，分流到别人口袋里去的时候，都伴随着企业的高速成长。但是南存辉觉得自己并没有吃亏，因为蛋糕做大了，自己的相对收益虽然少了，但是绝对收益却大大地提高了。

分享不是慷慨，对创业者来说，分享是明智。

第九，要有自我反省的潜质。

反省其实是一种学习能力。创业既然是一个不断摸索的过程，创业者就难免在此过程中不断地犯错误。反省，正是认识错误、改正错误的前提。对创业者来说，反省的过程，就是学习的过程。有没有自我反省的能力，具不具备自我反省的精神，决定了创业者能不能认识到自己所犯的错误，能不能改正所犯的错误，是否能够不断地学到新东西。

成功创业者有一个共通之处，就是都非常善于学习，非常勇于进行自我反省。作为一个创业者，遭遇挫折、碰上低潮都是常有的事，在这种时候，反省能力和自我反省精神能够很好地帮助您渡过难关。曾子说："吾日三省吾身。"对创业者来说，问题不是一日三省、四省吾身，而是应该时时刻刻警醒、反省自己，唯有如此，才能时刻保持清醒。

创业者需要的是综合素质，每一项潜质都很重要，不可偏废。缺少哪一项潜质，将来都必然影响事业的发展。有些潜质是天生的，但大多数潜质可以通过后天的努力改善。如果您能够从现在做起，时时犀利，培养自己的潜质，创业成功一定指日可待。

拥抱成功先要拥抱自己

Z君对自己的评价是：一个性格里有着不安定因素的人。身为女儿身，她完成了许多男人尚不能想象的任务。她充满精力，心怀信念；她放弃了300万年薪外加分红的天价高薪，艰苦创业，只为一证心中之道。Z君的创业没有轰轰烈烈，也不曾卧薪尝胆，她跟随内心走上了这条创业之路。一切，都是那么恰到好处，水到渠成，只因为她时刻与自己在一起。

Z君从小就不是循规蹈矩的孩子，高中起她便利用课余时间打工，希望借此锻炼自己，一圆心中去外企工作的美好梦想。大三那年，她看着学长学姐纷纷加入求职战场，早就习惯于打工的Z君，也迫不及待地参加"演习"，在她看来，虽然自己只有大三，但已经做好了充分准备，鹿死谁手犹未可知。

上天总是把机会留给有准备的人，就在那次面试中，Z君与一位外企老板一见如故，对方很快被这个自信而又直率的女孩所吸引，两人一聊便聊了七个小时。出于这段珍贵而又奇妙的缘分，次年毕业后的Z君顺利进入对方公司工作，没想到的是，从此便开启了她传奇般的职业生涯。

来公司总部工作不久，Z君敢想敢拼、充满干劲的作风就得到了领导的肯定。她被独自派往成都，带着十万元启动资金，为公司在西南大区开设分点，修筑一座牢固的业务堡垒。最初的两个月，Z君一单生意也未开张。她每天挥洒着汗水穿梭于城市的大街小巷，对她而言等待与付出都是快乐的，因为她知道，自己的血液中流淌着挑战的基因，没有人比自己更适合这份工作，成功只是时间问题。

果然，Z君成功了。她交出的答卷不但自己始料未及，更是令所有人都为之震撼——一个亿，Z君开创的西南大区只用了一年时间就完成了一亿元的业绩。她也由此从职场新人一跃成为业务大咖。

Z君大学专业是土木工程，她对土地有着与生俱来的热爱。就在这第一次事业辉煌来临的时候，她却做出了一个令所有人都大跌眼镜的决定：她辞职了，她跟随着内心的方向义无反顾地奔赴房地产行业，从最底层从头学起。

Z君做出这个选择有两个原因，一是内心对土地的深切热爱，二是她清楚知道，只有不断拼搏才能消耗自己旺盛的精力。结果是不言而喻的，Z君再次获得老板信任，肩负起了在市场上开疆拓土的重要使命，她用短短九个月再次打造出一个神话，这一次，她帮老板赚进一亿元。而那年，她才刚刚26岁。

Z君的工作生涯来来去去、起起伏伏，她始终用明心见性的双眼审视着自己内心，没有人比她更了解自己。2013年，经历过十年砥砺的Z君早已经退去青涩，但跳动在她心脏里的激情火焰却愈加热烈起来。"这十年，我磨练了很多，也成熟了很多，我生就了一个适合创业的性格，如今我将跟随内心的指引，走上这条创业之路。"Z君在放弃300万天价高薪后由衷地感叹道。

对于Z君而言，脚下的路是崎岖的，但她已经认准方向，奔跑前行。

4. 常用的几种性格测试工具

认清真实的他人难，认清真实的自己更难。作为创业人，有必要认清自己是一个什么样的人。如：自己的性格特征是什么？自己的心理活动特征是什么？行为特征是什么？自己最擅长的是什么？自己还有哪些潜力没有挖掘出来？只有对自己有了清晰的认知，才能在工作中发扬自己的长处，并且注意规避自己的不足。

随着社会的进步，目前已经有很多测评工具能够帮助人们认清自己，从而促进自己的工作。

要想比较精准地，系统地，全面地评估自己的性格，需要专业的评估，例如MBTI，DPA动态性格，DISC，以及九型人格测试，都是不错的选择。这些测试能帮助您有效地掌握个人的行为习惯。

需要提醒创业人注意的是，您通过专业测评工具得到的性格特征结果，无论哪种性格特征，都没有好与坏之分、没有正确与错误之别，它仅是反映您自己的性格特征而已。

第三章 创业合伙人的选择

重点内容提要

· 适合作为合伙人的条件

· 合伙人之间应保持的状态

· 哪类人不适合做合伙人

· 如何避免选择合伙人失误带来的损失

合伙创业可以增加创业成功的概率，可以聚集众人的智慧，可以风险共同承担，还可以资金共享，所以许多人都选择合伙创业。但是合伙创业容易产生分歧，不能够完全按照效率分配风险。因此，创业者在选择合伙人时一旦出现失误，就会导致创业失败。那么，我们怎么样选择合伙人？

1. 适合作为创业合伙人的条件

选择合伙人不是去选择最好的，而是选择最适合自己的。因此，就要求我们创业者一定要擦亮自己的眼睛进行筛选。评估一个人适不适合作为合伙人、好搭档，建议从以下4个方面评估：

1）要选有德有才之人

创业者团队有德有才能直接决定着这家公司能走多远，因为几名创始人能否团结一致，除了共同的经济利益之外，还有很重要的一点就是有德。

2）能够沟通，志同道合

企业是个利益共同体，不是家，是件严肃的事情。凡事不要见面无声，面后有声；会上不说，会后乱说。这往往是双方的因素，但肯定有一方是主导。误会的产生往往是：误认为别人应该会理解或明白我。解决误会的最佳办法是主动沟通及多沟通。观点和想法就如盲人摸象，各人有各人的点，吵架也是必然的，是好事。团队更有价值，也是因为存在不同的点。

找到有用的人才做帮手，对于创业成败非常重要。但是拥有人才之后，能否将人才在组织内进行协作和使用则更加重要，这需要找到一个能凝聚人心而有使命感的目标，也就是大家能志同道合。

阿里巴巴的创始人马云创业的时候，从杭州到北京，几历失败，有个18人的团队不离不弃。后来连创建阿里巴巴的50万元人民币启动资金，也是这18个人一起凑出来的。他就这样认为："30％的人永远不可能相信您。不要让您的同事为您干活，而让我们的同事为我们的目标干活。共同努力，团结在一个共同的目

标下面，就要比团结在一个企业家底下容易得多。所以首先要说
服大家认同共同的理想，而不是让大家来为您干活。"

3）风险共担，取长补短

能共同承担责任的人创业是一个不断犯错，不断学习、改过
的过程。不仅是自己犯错，还有团队里的任何人。要有准备及有
责任为自己及团队成员的过错埋单。合伙创业是取长补短，资源
共享，共同努力和互相依靠。

核心团队成员之间，最好有互补性。这种互补，既是知识、
经验、资源上的互补，也是性格、能力上的互补。空中网的创始
人杨宁就认为寻找好的搭档，自己的经验是首先一定要互补，在
很多方面都跟自己互补，而不是跟自己一样的，当然更不是相克
的。

杨宁和周云帆被商界称作"黄金搭档"，两人从同学到同事，
一起创建Chinaren网站，一起进入搜狐，一起离开，最后一起投
入全部身家创办空中网，并肩作战将企业推向纳斯达克上市。这
个二人组合最后能够创业成功，除了是打不散的铁杆兄弟之外，
还有一个重要原因——两人互补性非常强。他们一动一静，一张
一弛，一内向一外向，正如杨宁所说："做企业可能会犯一些错误，
您经常会有很冲动的时候，另一个人会及时地泼一些冷水。这种
搭档之间的互补性格，往往能够成就大的事业。"

4）包容性很重要

光会识人和用人肯定还不够，成功创业者还要有包容的雅量。

1999年5月，沈南鹏、梁建章、季琦加上后来的范敏，联手创建携程网。有人质疑过公司高层如果有分歧，会不会影响日常业务？另外一个创始人梁建章就表示分歧是难免的，但关键是要有搭档之间要有包容性："包容性是很重要的，越是高层的领导，他能包容的人越多。"

此前在投行工作的沈南鹏是最大的个人股东，他也不是没有管理企业的自信，但根据自己的经验和优势，他就选择了做CFO。这个管理团队因为能够紧密无缝地合作，也就保证了携程从无到有，从小到大，最后发展到纳斯达克上市。后来，他们还合作创建了另外一个在纳斯达克上市的企业——如家快捷酒店。3年创建两个上市公司，他们因此被誉为创业黄金组合。

作为合伙人，在平时的交往与合作中要坦诚，互相尊重对方，摆正自己的位置，既然是合伙人，也就是出资人，请在心中时时提醒自己：双方都是为了共同的利益才在一起的，无论出资多少，都不会拿着自己的钱出来玩；不能把企业当家庭来管，必要的财务、人事、工资、分红、业务分工制度必须建立，而且带头执行，这样的老板才能树立威信，经营才会有起色，管理也能出效益。

大事不糊涂，小事不计较，合伙人在一起，能力各不相同，因此要发挥自己的长处，利用自己的方便为公司谋取利益，像相信自己那样相信对方。

2. 合伙人之间需要保持一种什么样的状态

1）首先要建立共识，大家取得信任

如果一开始大家都不信任对方，那么是很难合作成功的。

2）第二是要建立一套合作规则

一切按合作的规则办事，不能只凭感情处理问题。这是最重要的一点。

3）不要让自己的亲属在公司指手画脚

这里说的并不是说不能请自己的亲人加入公司，我指的是那些在公司并没有正式职位的亲属，如彼此的父母，妻子，弟妹等，他们在外面有自己的工作，却在一旁指手画脚，中伤对方。不要让这种现象出现。这也是非常伤害大家合作的问题。这种问题合伙人事先也要商量好，达成共识，并且自己约束自己的亲人。当然，这并不是说不可以让自己的亲属给您意见，但给意见应在背后，不能让他们当着您的合伙人的面说，特别是不能让他们直接去说您的合伙人，就算合伙人真的有错。

4）保持经常交流和沟通

这也是非常重要的一点。这点第一是可以不断加深双方信任。第二是多交流，多了解对方，能更好地协调工作。第三是可以及时化解双方的矛盾，不让其发展壮大。

5）财务要透明，要彼此一清二楚

一定要一个人请会计，一个人请出纳，或者过一段时间大家交换。合伙做生意就是为了赚钱，如果财务都不清不楚，大家都不知谁贪污了谁，那么最终也一定是失败的。对于这一点，有些朋友说，刚开始时公司规模比较小，还请不起会计出纳，如何办？那就两个人自己做账，比如两人去银行开一本存折，把两人合伙做生意的钱全部放入这本存折，然后做一本银行日结账。总之钱一定要明明白白，不能有任何的疏忽。因为钱是最易伤感情的问题，也是最重要的问题。再有，账目要做两本备查。这样就明明白白，不怕修改账目，因为大家都有底。

3. 哪十类人不适合作为合伙人

合伙人之间保持一种信任的状态才能使得创业有序地推进。在选择合伙人时我们就要知道那些不适合的合伙人人选，就要根据以下条件加以甄别。根据许多创业成功者创业成功后得出的经验，以下十类人无论如何都不能作为合伙人选。

第一类，万年打工仔

万年打工仔有长长的简历和厚厚的资历证明，但自己做老板还是第一次。他喜欢按时领取工资，享受医疗保险，每天晚上7点准时回家和家人共进晚餐。可惜，万年打工仔无法独自经营企业，需要您一个指令、一个动作地教他如何发展企业。而且，如果您的投资计划无法立刻产生效益，他就会跑去找份"真正的工作"，不然他孩子的学费谁来支付？

建议 不喜欢风险，目标不一致的人很难成为好的合作伙伴。跳过那些无法贡献同等时间、精力和资金的人。

第二类，完美主义者（或许是习惯拖拉者伪装的）

就连确定产品的官方发布日期，完美主义者都要求事事一丝不苟，否则他就无法工作。他喜欢研究竞争对手，设立行业案例研究，让自己那份长达150页的商业计划书尽善尽美。完美主义者当然希望新企业能立刻步入正轨，但内心深处总有个地方觉得还不对劲。他计划接下来的几周内再对同事、朋友和家人发一份详细的调查，来进一步充实理念。

建议　手头现成的好计划比明天的完美计划更有用。避开那些可能是用完美主义为借口的习惯拖拉者，找一些行动力强、干劲十足的人。

第三类，只有IDEA的人

也许某晚一道在酒吧寻欢作乐时，某人突然被一道灵感砸中，他立刻找了张餐巾纸记下来，然后请您帮他"把这个变成现实"。他喜欢吹嘘自己的伟大创意，指点您如何具体操作（他对"亲自动手"没什么兴趣）。问题是：他秋天就要去千里之外的医学院报到。但别担心，当他不用学习、不用工作、没有上课也没有约会的时候，您还是能通过电话联络到他的。他也肯定会把地址告诉您，好让您把他的那一半利润汇给他。

建议　永远不要为了一半的回报而承担全部风险。没有出色的执行过程，创意本身一文不值。合作创意投入生产前，要确定合伙人有长期参与的计划。写在餐巾纸上的东西没有法律约束力，一定要订立一份正式的运营协议。

第四类，发明家

发明家往往认为自己创造出的小玩意能发展成为十亿美元规模的生意。他喜欢用2小时来给投资者讲解中国电力工程标准，迷信"人之初，性本善"，做商业决策是靠"直觉"。发明家根本不理解"赢利"这个词，但认为自己有必要将公司所有的投资收益都用在研发上。

建议 优秀的学者并不一定是优秀的商人。最好别与这种人合伙创业，不妨考虑跟他们进行技术授权合作或建立战略合作关系。如果您还是决定与这种人合伙创业，一定记住：在合伙协议里明确划分产品控制权和经营控制权。

第五类，自以为永远正确者

自以为永远正确者喜欢告诉您，他永远不会错。他最喜欢的口头语是"听我的，准没错"。他很少跟别人讨论自己的决策制定过程，因为他觉得这样显示不出自己的水平。他喜欢贬低持反对意见的合伙人，背着他们做出决策。最要命的是，自以为永远正确者制定的计划失败后，永远只会怪别人，认为他自己没有任何责任。

建议 交流是合作成功的关键。您需要的是合作者而不是独裁者。没有人是永远正确的。

第六类，梦想家

您会经常听到梦想家这么说："等到我们发财那天……"他

喜欢幻想着29岁就能退休，然后用现在还看不到影子的几百万美元买艘豪华游艇，巡弋自己的私人岛屿。梦想家只有一个致命的小毛病：看起来他并不知道怎么才能让企业挺过下个月。

建议 未来的财富要靠多年坚持不懈的辛勤工作去换取，而不是靠东一榔头西一耙子地做白日梦。合伙人应该有积极乐观的性格，但脚踏实地和专心致志也一样重要。

第七类，大手大脚者

喜欢大手大脚花钱的人离不开六位数的年薪，以及豪华办公室，还有私人雪茄机。他不介意花多少钱去讨好客户，坐头等舱飞来飞去也绝不心疼。幸运的话，大手大脚者还会邀请您去参加他的奢华晚宴，反正都是算在公司账上。

建议 公司的钱不是取之不竭、用之不尽的，合伙人用钱应该比较谨慎，有责任心，把每一块钱都用于公司的发展和开发上，而不是用来丰富他们的私人生活。

第八类，喜欢CEO头衔者

这种人与别人见面30秒内就会宣布自己是个CEO，即便他的公司还不如印名片的那张纸值钱。他热爱鸡尾酒会，他喜欢用美妙的花体字签名，他喜欢在顾客目之所及的咖啡桌上整齐地叠起一打名车杂志。他不喜欢的只有一件事：动手工作。

建议 企业不是靠名号、夸夸其谈和花架子取得成功的。尽量躲开那些自私自利、任性妄为、光说不做的人。

第九类，尸位素餐者

我也想多跟您说说这种人身上的问题，可我想来想去实在什么都想不起来，因为他几乎就没在公司出现过。

建议 尸位素餐者是企业的负担，只会消耗利润。在签订经营协议时记得要清楚地列出合伙人的责任义务和假期长短。

第十类，私人问题不断者

这种人总是有很多不幸遭遇。您公司在大型会议上做主题演讲那天，他儿子要去拔智齿，或者他的狗死于肺炎。他也很想参加下周的股东大会，但那天要去法院打离婚官司，分身乏术。不幸的是，他还付不起自己的律师费用，所以这个月必须从公司拿点钱去请律师帮他保住自己那50％的公司股权不会被前妻分割走。谢天谢地，希望这是他最后一次需要从公司拿钱……

建议 对这种合伙人要像躲瘟疫一样，能躲多远就躲多远。您是准备创业，不是要做他人的保姆或心理医生。签约前一定要把未来合伙人的老底都查出来，和对方交流一下对各种问题的看法，比如经营、政治、家庭生活、经济状况。如果某个潜在合伙人看起来有些毛病，立刻掉头。

4. 如何避免选择合伙人失误造成的损失

为了最大程度避免因为选择合伙人失误给公司带来损失，您可以通过以下方式为公司筑造一些防洪堤，最大限度地降低对企业的伤害。

1）合伙人之间要签订竞业及商业保密协议

合作期间和合作结束一定时间段内不得从事同行业和高相关度的行业。这样可以有效防止个人私心的膨胀而导致分裂。竞业协议可延伸到企业核心人员和中高管理层，在新员工入职前就实施，先小人后君子。

2）对待能人的方式

公司发展需要很多的能人，这些人的能力特别好，但不一定适合当股东。我们可以用高薪＋分红方式来留人，而非用股份的方式。

3）处理冲突时做好最坏的打算

股东间出现严重分歧，自己要做好最坏的打算，做到心中有底。合作之前就应制订合伙人退出的机制，合伙中如果处理问题时就会以比较平和的心态、理性的去面对，让事情得到圆满解决。在不违反原则性的前提下，要本着不伤和气、好聚好散的前提处理事情，合作不成还可以继续当好朋友。

4）在合作中建立良好的沟通

合伙人在合作过程中最为忌讳的是互相猜忌，打自己的小算盘，这样的合作肯定不会长久的。出现问题要本着真诚、互信、公正态度来解决，有什么事情放到桌面上来讨论，就事论事。大家如果都是出于公心，分歧是很容易得到解决的

5）尽量不要让合伙人的亲戚在公司上班

在公司里不能出现任何合伙人亲戚的影子，无论合伙人的家庭成员是谁，有多大的本事，或者可以给公司带来多大帮助，都不能成为其家庭成员在公司上班的理由，这个是大家合作的根基，不可以去动摇。

小贴士

合伙人最好共事过一段时间。因为人们的工作面和生活面所表现出来的行为是完全不同的，有些人可以当很好的朋友，但不一定是很好的合作伙伴。

第四章　初创企业的股权设置

重点内容提要

- 创投模式的股权设置原则
- 创投公司如何设置股权
- 股权设置中的常见问题
- 确保公司的控制权

在确定合伙人后，紧随而来的问题就是：创业团队，应该怎么设置股权结构呢？如果股权设置好了，创始人团队肯定会全心全意地为公司发展共同努力。如果设置不好，不但不能调动大家的积极性，相反，还会为企业今后的发展埋下地雷。

1．初创企业的股权设置原则

股权设置的本质牵扯到两个根本性问题：一是对公司的控制，一是获取更多资源让公司成功，从而获得巨大经济回报。绝大多数情况下，对于一个创业公司的创始人，保持控制力和获得经济回报难以两全其美。因为一个初创公司需要获得外部资源来创造价值，而获取外部资源通常要求创始人削弱其控制力（例如，不做CEO，让别人加入董事会）。

所以创业企业做股权分配方案时，考虑以下四个基本原则：

· 事业为大

股权分配是分天下的制度设计。但是，大家只有先打下天下，分天下才有意义。因此，创业企业的股权配置应该有利于团结大多数人，群策群力把事业做好做大。否则，如果创业企业的事业做不起来，创始股东手里抓着100％的股票也只是一张废纸，甚至是100％的负债和义务。

· 资源配置

有人说，创业玩的就是个拼图游戏。创业企业的股权结构是表象，股权结构背后反映的是创业企业生存、发展可以对接的各种资源，诸如团队、技术、资本、渠道等。因此，创业企业的股权分配应有利于拼接利用上企业发展所需的各种资源，实现财散人聚。

· 控制权

主要考虑两方面，即创业团队与外部资本控制权的分配，创始团队内部控制权的分配。创业企业实现控制权最直接有效的方法是股权控制。但是，创业企业为了对接利用外部资源，创始团队的股权必然会持续被摊薄。在股权被摊薄的情况下，创业企业还可以通过投票权委托、一致行动人等实现控制权。

· 股权兑现

这主要针对创始团队。比如，某创始股东持有创业企业30％股权，但干满1年就拍屁股离职走人。如果允许这个已离职但不继续对创业企业做贡献的创始股东保留这30％股权，其他留下来继续创业的团队成员吭哧吭哧为他打工，这既不合理，也不公允。因此，对创始股东的股权设定股权兑现与离职时股权的回购制度很有必要。

2. 创投公司如何设置股权

让我们来看看股权结构。一个公司的股权结构由以下版块构成：

①资金股

②管理股

③知识产权股

④其他

为简单起见，假设您不打算拿风险投资，而且您将不会有外来的投资人。同样我们临时假设所有合伙人都辞掉了他们的全职工作，而且同时开始全职为新公司工作。

原则是这样的：随着创业公司的成长，创始公司将一批一批地加入新员工。公司的首批员工就是第一个创始人（或者第一批创始人）。也许有1个，2个，3个或者更多，大家都同时开始在新公司工作，而且合伙人要冒一样的风险……例如辞掉以前的工作加入一个未被市场认可的新公司。

股权可以这样设置：创始人应该最终拿整个公司大约50％的股份，首批下面的5批员工的每一层最终都分别分到大约10％的公司股份，每一层的员工都将平分这10％的股份。

例如：两个创始人启动公司。他们每人拿2500份股份。公司总市值按5000股算，所以2个创始人各拿一半。

第一年，他们有4名员工。这4名员工每人拿250份股份。公司总市值按6000股算。

第二年，他们又聘用了一批20名员工。这些员工每人拿50份股份。他们获得更少股份因为他们要承受的风险更少。因为公司给每一批员工派发的股份是1000股，所以他们每人拿到50股。直到公司员工有了6批，您已给出10000股。最早创办这个公司的两名创始人最终各持有公司25％的股份。每批次进入的员工，该批次共持有10％的股份。

所有员工当中，最早进入公司的员工，因为他们与迟来的相比要承担的风险最大，在所有员工中持有最多股份。您不必严格按照这个公式来规划股份，但基本思路是：您设立不同的资历"批次"，最高层层级中的员工承受最大的风险，最低层层级的员工承担最少的风险，而每个"批次"的员工平分公司分配给这个层级的股份，这个规则神奇地让越早加入到员工获得越多的股份。

使用"批次"的一个稍微不同的方式是"资历"。您的顶部层级是公司创始人；再下一层，您需要预留一整层给将来招聘牛逼哄哄并坚持需要10％股份的CEO；再下一层是给那些早期进来的员工以及顶级经理人的，等等。无论您如何组织您的层级，它们应该是设计清晰明了，容易理解，不容易产生纷争。

现在，您搞定了一个公平的股份分配办法，但还有一个重要的事情必须做：您必须"股份绑定"。股份绑定期最好是4到5年。任何人都必须在公司做够起码1年才可持有股份。好的股份绑定计划一般是头一年给25%，然后接下来每个月落实2%。否则，您后面加入的合伙创始人将加入公司5个星期后跑掉，然后若干年后又出现，并声称他拥有公司的25%的股份。

没有"股份绑定"条款，您派股份给任何人都是不靠谱的！没有执行"股份绑定"是极其普遍的现象，后果可以十分严重。您看到有些公司的3个创始人没日没夜地工作了5年，然后您发现有些浑蛋加入后2个星期就离开，这混蛋还以为他仍然拥有公司25%的股份，就因为他工作过的那2个星期。

批次设置、层级设置和股份绑定这样的股权设置，让我们作为创始人也才能保证公司实际控制权掌握在自己手中。

3. 股权设置中的常见问题

1）如果您的公司融资了，股份如何分割？

投资可以来自任何方向，一个天使投资人，一个风险投资公司，或者是某人的老爸。基本上，回答很简单：新的投资将"稀释"所有人的股份。

沿用上面的例子，我们有两个创始人，我们给了自己每人2500股股份，所以我们每人拥有公司的50%股份，然后我们找了个风投，风投提出给我们100万换取1/3的公司股份。公司1/3的股份=2500股。所以，您发行2500股给了风投。风投持有1/3公司股份，而您和另外一个创始人各持1/3。就这么多。如果并不是所有早期员工都需要拿工资，怎么办？很多时候，有些公司创始人有不少个人积蓄，她决定公司启动后的某个阶段可以不拿工资。而有些创始人则需要现金，所以拿了工资。很多人认为不拿工资的创始人可以多拿一些股份，作为创业初期不拿工资的回报。问题是，您永远不可能计算出究竟应该给多多少股份（作为初期不拿工资的回报）。这样做将导致未来的纷争。

切记：千万不要用分配股权来解决这些问题。

其实，您只需要针对每位创始人拿的工资做好记账：不拿工资的创始人就给他记着工资"欠条"。当公司有了足够现金，就根据这个工资欠条补发工资给她。接下来的几年中，当公司现金收入逐步增加，或者当完成第一轮风险投资后，您可以给每一位创始人补发工资，以确保每一位创始人都可从公司得到完全一样的工资收入。

2）创业构想是我提出的，难道我不应该多拿股份吗？

如果有创业合伙人提出这个问题，作为创始人要态度坚决，两个字：不该。

因为构想基本上是不值钱的。仅仅因为提出创业构想就获得更多股权，因此导致纷争是不值得的。如果你们当中有人首先提出的创业构想，但你们都同时辞工并同时开始创业，你们应该拿同等的股份。为公司工作才是创造价值的原因，而你洗澡的时候突发奇想的"创业点子"根本不值什么钱。

3）如果创始人之一不是全职投入创业公司工作，该怎么办？

如不能全职投入创业公司工作，就不能算是"创始人"。那种只出投入资金而不全职投入创业工作的合伙人最好请他离开，因为这不利于企业的发展。他的资金可以作为借款支付利息，或者他在干他的全职工作同时帮公司干活，只能拿工资或者工资"欠条"，但是不要给股份。毕竟他并没有冒其他创始人一样的风险。

4）如果有人为公司提供设备或其他有价值的东西（专利、域名等），怎么处理？

处理方式：按这些东西的价值支付现金或开个"欠条"别给股份。您准确算一下他给公司带来的那台电脑的价值，或者他们自带的某个专利的价格，给他们写下欠条，公司有钱后再偿还即可。在创业初期就用股权来购买某些公司需要的东西将导致不平等，纷争和不公平。

5）投资人、创始人和雇员分别应该拥有多少股份？

这都要看市场情况来确定。现实地看，如果投资人最终获得超过50％的公司股权，创始人将感觉自己不重要而且会丧失动力，所以好的投资人也不会这样干（拿超过50％的股权）。

如果公司能依赖自我积累来发展而不依靠外来投资，创始人和合伙人将一起拥有公司100％的股权。

虽然对创业公司股权分配原则这个问题没有一刀切的解决方案，但是您得尽可能让它简单化，透明化，直截了当，而最重要的是：要公平。只有这样您的公司才更有可能成功。

最最重要的事情：牢牢地把公司控制权掌握在创始人手中。

4．确保公司的控制权

我们作为创始人创业，创始企业就像我们的孩子一样，从呱呱坠地到茁壮成长，每一步都使我们付出巨大的心血和汗水，而且走得十分艰难。但无能如何，自己的孩子健康成长肯定是一件很开心的事情。一旦让我们失去对它的控制那肯定不是一件很美妙的事情。因此，我们作为创始人，在引进合伙人或者风险投资的时候就应该有全盘的考虑，至少在不失去控制权的情况下来操作。如饮料巨头娃哈哈同法国达能官司缠身使得娃哈哈创始人宗庆后差点失去对娃哈哈的控制。再比如前几年很风光的乐百氏，创始人在失去对企业的控制权后，企业最终也走向衰败，让很多创业人不胜感慨。

那么我们怎么做才能确保不失去对创业公司的控制权呢？

公司的控制权，我认为包括这么几个方面：

- 股权层面的控制权
- 董事会层面的控制权
- 公司经营管理的实际控制权

1）股权层面的控制权

A. 掌握半数以上股权比例

股权层面的控制权，就是指核心创始人要持有公司至少51％

的股权，为保险最好还以可以达到67%，这样能够达到三分之二，在决策上都可以完全掌握在手中。原因是，大部分的股东会表决事项，都是二分之一以上多数通过。按照中国公司法，个别事项还需要三分之二以上通过。掌握了控股权，就能够掌握股东会。

B. 投票权问题 / 一致行动人协议

如果核心创始人不掌握公司的多数比例股权，但是其他股东又同意让核心创始人说了算，那怎么解决这个问题呢？可以用投票权委托和一致行动人协议，使其他股东的投票权变相地集中到核心创始人身上。

"投票权委托"即通过协议约定，某些股东将其投票权委托给其他特定股东行使。如京东的招股书，在京东发行上市前，京东有11家投资人将其投票权委托给了刘强东行使。刘强东持股只有18.8%（不含代持的4.3%激励股权），却据此掌控了京东过半数（51.2%）的投票权。"一致行动人"即通过协议约定，某些股东就特定事项投票表决采取一致行动。意见不一致时，某些股东跟随一致行动人投票。比如，创始股东之间、创始股东和投资人之前就可以通过签署一致行动人协议加大创始股东的投票权权重。

C. 中国有限责任公司的同股不同权

如果不考虑将来会陆陆续续出现许多外部投资人的情况，只有内部几个股东的话，还可以有其他方式来使得某个股东的投票权占多数。通常投票权是按照股东的出资比例进行表决投票的计算，但是也可以在公司章程里规定不按照出资比例进行表决的，可以依据公司章程制定的方式进行。例如某公司注册资本为1000

万元，且全部实缴到位，其中A出资150万元、B出资150万元、C出资700万元，那么三人分别享有15%、15%和70%的表决权，此时C对股东会就有控制权。但是，如果章程规定在表决时A享有70%表决权、B和C分别享有15%表决权，此时A就对股东会有看控制权，尽管A的出资额只占15%。不过这只能是有限责任公司可以这样，如果注册为股份有限公司，就不行了。

D. 通过有限合伙持股

有限合伙企业是一种合伙企业，与普通合伙企业相比，有限合伙企业的合伙人分为普通合伙人（GP）和有限合伙人（LP）。普通合伙人才能执行合伙事务，承担管理职能，而有限合伙人只是作为出资方，不参与企业管理。

所以，可以让股东不直接持有公司股权，而是把股东都放在一个有限合伙里面，让这个有限合伙持有公司股权，这样股东就间接持有公司股权。同时，让核心创始人担任GP，控制整个有限合伙，然后通过这个有限合伙控制了公司的股权。其他股东，只能是有限合伙的LP，不参与有限合伙管理，也就不能通过有限合伙控制公司。

据说，绿地集团采用一层又一层的有限合伙，以一个注册资本为10万元的公司控制约190亿元资产的绿地集团。

2）董事会层面的控制权

江湖传闻，从首轮投资京东的今日资本开始，刘强东就在合同中约定了对京东董事会的控制权。他说："我永远要在董事会占有多数席位。董事会是公司的最高权力机构，作为一个创始人，控制不了董事会，还搞什么搞？我有充分的自信带领公司前进，我不相信哪个投资人能取代我而把这个公司办得更好。我要控制董事会，这句话我非常赤裸裸说出来了，不会跟您隐瞒。"

公司通常的日常经营事项，主要由公司董事会来决定。投资人等股东，一般很少开股东会，所以也很少通过股东会的控制权来参与公司日常经营，只是在重大事件的时候才召集一次股东会。所以，如果控制了董事会，也就控制了公司的日常经营管理。核心创始人可以占有公司董事会的大部分席位，以保障决策效果和决策效率。

3）公司经营管理的实际控制权

控股了董事会，不意味着您就控制了公司。控股权或者董事会控制权，是对公司的最终控制权，是以法律为保障的，可以最后通过法院来保护这种控制权。占着法定代表人的职位、拿着公章和营业执照，则是对公司实实在在的实际控制权。

如果您是公司绝对控股股东，董事会也占多数席位，但是法定代表人是别人担任的，公章、营业执照也在他手里。法定代表人决定公司要做某个业务，并且准备跟合作方签协议了。您觉得这不符合您设想的公司战略方向，但是法定代表人一意孤行，几乎拿他没辙。所以，即使是公司的控股股东，如果不掌握法定代表人的职位、不掌握公章和营业执照，控股股东对公司的控制权，仍然只是间接的，最后还需要司法机关来保护。

而法律程序的威慑，又有点儿不那么给力。如果要实际控制公司，需要控制哪些东西？通常，控制法定代表人职位、掌握公章和营业执照是最基本的要求。掌握了这些，您才能及时地介入公司的经营和管理。

A. 控制法定代表人的职位

法定代表人有权在法律规定的职权范围内，直接代表公司对外行使职权，他的行为属于职务行为，视为公司行为，造成任何法律后果，都由公司承担。所以，通常法定代表人在合同上代表公司签字，就和盖公司公章一样有法律效力了，就表示公司同意了。要控制公司，绕不开对法定代表人职位的控制。

B. 掌握公章

在文件上盖公章，也就视为公司同意文件的内容。所以，凡是以公司名义发出的信函、公文、合同、介绍信、证明或其他公司材料，一般都会要求加盖公章。没有加盖公章的文件，业务合作对象、政府主管部门、法院，一般都不会认可文件有法律效力。

但是，目前的法律并没有规定公章应该归公司里的谁掌握。在大多数要求取回公章的诉讼中，法官一般会认为，公章的管理属于公司自治范畴，在公司章程或股东会未明确公章如何管理的情况下，人民法院不能确定由谁管理。只有公司章程中明确规定，或者公司股东会做出决议，确定了公章由哪一方持有，法院才会判决支持哪一方取回公章。

C. 掌握营业执照

营业执照是企业或组织是合法经营权的凭证。公司如果办事，特别是在政府部门、银行等办事，基本上也都会要求出示营业执照。公司没有营业执照几乎寸步难行。

D. 其他印章和证照

其他印章和证照，如果能掌握，当然更好。如果实在是不能掌握，也勉强可以解决，不至于陷入僵局。

【卓商荟·创业故事】第6期沙龙分享案例：

伤不起的亲情

四川某有限公司董事长W君的事业是从工地里成长起来的，他靠做地基基础工程赚到了常人几辈子赚不到的财富。他的起家离不开家人的帮助，但家人也成了他事业成功后最痛苦的阻碍。对于W君而言，亲情与事业像两只巨手撕扯着他。如果能够穿越再来，"公司"这顶大轿，他宁愿独自来抬。

W君进入地基基础工程行业是跟随着表哥的步伐。入行之后，凭借聪明与努力，W君很快开起了一家自己的公司。既然要有公司，那么光靠单打独斗肯定不行，他开始琢磨着为自己找几个好帮手。外人他是信不过的，且不说是否存在贪污、吃回扣等问题，只要工作稍不用心，公司也必定发展不起来。想来想去，W君想到了同样在做建筑行业的亲戚们。

1998年到2001年这三年，是W君发展最快速的三年，当初新成立的这家小小公司已经成长得颇具规模，W君也摇身一变成为了千万富翁。当然，富起来的还有一同为公司打拼的亲戚们，这个结果是大家共同努力得来的，每个人都为公司呕心沥血、倾尽全力。

　　但接下来事情的发展就大大出乎了W君预料。公司条件越来越好，规模也越做越大，但亲戚们毕竟都是土出身，各方面能力开始逐步脱节。如果说这还不算什么大问题，那么众多亲戚在公司之中，给公司带来的管理混乱则让W君头疼不已。为了使公司更加规范，他决定聘请一个职业经理人来帮助他管理公司。

　　职业经理人的到来迅速在亲戚之间引发了剧烈反弹，亲戚们结伴找到W君闹了无数次。他们不能理解，自己一家人辛辛苦苦打下了江山，突然空降下一个外人对自己指手画脚，他何德何能！这个难题再一次交给了W君，他劝过也怒过，无奈最初公司成立时大家仗着亲戚关系，因此没有进行明确的股权设置，所有人都是"开国元老"，W君拿他们无能为力。

　　没过多久，职业经理人就被亲戚们排挤出了公司，公司又恢复到原来的乌烟瘴气。创业就像一条小船，逆水行舟不进则退。眼看着公司开始走了下坡路，着急的W君终于下定决心，与亲戚们好好谈谈。

　　最先答应离开的是亲戚A，为了补偿亲戚A，W君送给他一台水泥机、一辆面包车以及近50万元现金。眼看着有利可图，另外两个也动起了心思，亲戚B开出条件：他要自己创业，必须分给他一部分业务，此外还要支持三台设备，W君咬了咬牙，答应了下来。但亲戚C就没那么好打发了，他横下了一条心，死活就是不走，不但不走，还要求升职加薪，管理全部5000多万元的设备。好在经过W君的万般相劝，加之眼红创业的有利可图，他最终还是离开公司另行创业，不过每年仍要从公司的业务上分走近500万元利润。这些惨痛的损失，W君只能默默承受。

　　对W君而言，创业不但带来了金钱，也带来巨大的痛苦。"亲戚"这个温暖的词语在创业之中却显得残酷而又无奈。钱损失了可以再赚，但亲情如果死去，便永远无法从头再来。

第五章·创业项目的选择方法

重点内容提要

· 好项目的特征

· 选择项目的步骤

　　创业离不开项目的选择。我们作为创始人一定是先有了创业的项目才能决定是否创业的。创业项目关系到创业能否成功，关系到整个创业团队的商业模式运作。可见创业项目的重要性。

　　创业需要智慧和眼光！创业如果在一开始就选择错误，再多的努力也是浪费。在创业之路上，有两点很重要：选择和努力。

　　在创业项目的选择上，一旦选择正确就能赢得先机，取得头彩。再加上自己的努力，使创始企业立于不败之地，成功是可以预期的。

1. 好项目的普遍特征

1）良好趋势性的、有前景的朝阳产业

这是好行业、好产品的第一个必备特性，所谓的朝阳产业指的是：这个产业或产品在未来的10～20年中将很有前景、很有市场，将被消费者广泛地接受和使用。大多数的富豪都因为具有超前的智慧与眼光，选择了很有前景的朝阳产业才成为亿万富豪。比如世界首富比尔·盖茨：他在大学时期就具备了超人的智慧和眼光。他清晰地看到：在未来的生活中，人人将离不开电脑，家家户户都将拥有电脑。因而毅然放弃学业，创立了微软公司，致力于小型家庭电脑及应用软件的开发。因为他当初选择了世界上最有前景的朝阳产业，所以今天他是世界首富之一。

比如手机，20年前在我们都没有手机的时候，这是趋势性产品。但现在几乎人人都有手机，现在您再进入已不是明智之举。而从目前来看，智能佩戴设备恰巧是趋势性行业，不久的将来甚至可能会替代手机。

2）市场空间大，竞争对手较少的行业

很多人在选择行业的时候，往往是看到别人在一个行业中赚到了钱，然后也跟着去从事那个行业，其实这是一种严重的错误。为什么呢？因为你不是在这个地域中最早从事这个行业的人，大块的市场和利润已经被别人所占领。你会模仿，其他人也会很快模仿，最后的结局就是大鱼吃小鱼，实力小的被淘汰出局。在十几年前，福建地区很少有人从事茶叶销售、开茶庄，所以短短的

几年时间，早期的极少数经营茶叶生意的人赚了大钱。结果很多人看到卖茶叶能赚钱就蜂拥而上，竞相模仿，如今一个小小的城市往往有几百人、甚至上千人在开茶店，做茶叶生意。请问：这些人能赚大钱吗？当然不是完全不可能，但毕竟很难，因为整个市场利润都被瓜分了。因此选择好行业创业的第二个要素就是：市场空间大，竞争对手少，也就是说还没有人或很少人从事的时候，你要抢先一步，才有可能领先一路。

3）市场需求量大的行业

量大才能赚钱。劳斯莱斯轿车是专门针对社会最上层人士所设计的价格最昂贵的轿车，但这家公司并不是世界上最赚钱的汽车厂，反而比本田、丰田、福特等汽车厂赚的钱少，为什么呢？原因很简单：销量不大，99.99％以上的消费者买不起。另外一个例子：台湾的7-11便利店24小时通宵达旦营业，各地共有2000家分店，生意都很好，每家分店都卖一种东西：茶叶蛋。假设每个茶叶蛋7-11赚0.30元，每家分店每天平均卖500个茶叶蛋，我们来计算一下7-11便利店每年光茶叶蛋的利润有多少？0.3元×500个×2000家×30天×12月=1.08亿元/年。仅一项茶叶蛋7-11每年的利润就有上亿元！所以说量大赚钱，我们要经营的行业及产品要尽可能是人人都要用、家家户户都需要的产品，量大就能赚大钱，这是创业选择的第三个要点。

4）投资合理、合理利润、较高回报

薄利多销当然也能赚大钱，但是如果两款产品同样的销售量

但不一样的利润，是不是经营利润高的产品能赚更多的钱？所以选择创业行业的第四个要素就是：尽可能去选择利润较高的行业或产品，而且最好能投资不大（投资越大风险越高），却又能带来长期的高回报利润。

5）自己熟悉的行业

"所谓做熟不做生"就是这个道理，也许很多人有资金，但对一些自己有能力进入的行业又不太熟悉，在这种情况下，就要寻找该行业内运作经验丰富有对你下一步创业可以提供具体指导的品牌公司采取加盟的方式，来弥补自己的不足。

6）退出成本低的行业，尽量不要投入需要大量基础设施的行业

很多行业进入后退出成本高，这无疑会增加经营风险。退出成本包括存货的处理，有无不好处理的设备等。

7）资金适合的行业

有的创业行业对资金量要求大，就不能勉强涉足。有的行业风险很高，如果你对自己抗风险能力不强，或不喜爱高风险投资，就要辟开。有的行业投资回收期很长，或者回报率太低，也不适合创业。

俗话说："选择大于努力。"所以，怎么选择创业项目至关重要，好的开始就意味着成功了一半，只有选对了创业项目，创业才可

能成功。

【卓商荟·创业故事】第3期沙龙分享案例：

人力资源与职业教育的结合典范

王云雷一手创建的"优蓝网"，只用了短短六年的时间，公司年产值实现30亿元，已经发展成为一家集职业教育投资、人才招聘、服务外包、培训咨询于一体的大型产业化拟上市公司。集团拥有百余家分支机构，1000余名员工，是国内第一家致力于人力资源产业链深度开发的综合性企业。

"优蓝网"之所以发展这么迅猛，很大程度上是因为创始人王云雷在做创业项目选择上做出了最明智的抉择。

2008年1月，王云雷告别年薪百万的职业经理人生涯，踏上了艰辛的创业之路，创办了他的第一家人力资源管理服务有限公司。

之所以选择这个领域创业，王云雷说到了三个原因："第一，是基于对人力资源行业和职业教育行业的热爱，而不仅仅是为了想赚钱；第二，以前公司给我提供的只是一个人力资源的岗位，而我一直都想将其做成产业，所以就自己出来创业；第三，也是最重要的一点，我对这个行业非常看好。这是一个巨大的市场，可以帮更多人解决就业问题。因为沿海有很多大企业需要引入人才，而内地又有很多基础劳动力，很多大中专毕业生要出去就业实习，他们都很难寻求到一个最佳的结合点，而我就想做这样的一个平台机构。"

　　和所有创业公司一样，公司成立之初遇到的第一个问题是用人和团队问题。到2008年底2009年初，又遇到金融危机。"创业不但要有智商、情商，也要有胆商，这是我在温州工作几年学到的。当时我们十分看好职业教育投资项目，认准这个项目是长远稳定的。那时如果这个项目投资失败，公司将面临破产的危机。最后职业教育项目投资成功了，为公司奠定了良好的发展基础。"

　　最初公司把中西部大中专院校的毕业生、实习生输送到沿海一带的企业，向校方收取每学员100～200元的中介服务费。"随后我们发现可以做人才派遣（主要为外资企业输送人才），按照每人每月收取管理费的模式运作（即人才外包）人才外包的模式就像滚雪球一样，越滚越大，只要管理好，利润空间非常大。"

　　于是，王云雷带领团队开始对人才外包模式进行尝试。模式验证成功以后，公司开始向外扩张分公司，从宁波、苏州、成都再到全国各地。

　　"我们把第一家分公司开到宁波，是因为宁波有大量外资企业。他们需要大量的用工，并且外企的理念也很先进，他们愿意付这个费用。整个浙江外资企业基本都是我们的客户。后来我们又发现，浙江不是超大型客户最多的地方，最多的是江苏，有的地区80%都是外资企业，于是我们分公司又开到了苏州。到了苏州我们又发现，很多外资企业投产正在向中西部转移，于是我们开始向全国布局，到成都、重庆、武汉以及其他中西部地区。"

6年时间，王云雷走完了别人10年乃至20年的创业道路，他认为重要因素归结为以下几个方面："第一，我本身是做教育出生，后来下海到企业也一直从事人力资源相关的工作，所以在行业沉淀上很厚实，这也是我创业的基础；其次在企业做高管几年，也让我学到不少管理知识，这在企业发展和快速扩张上起到了很大的作用；另外'优蓝网'的股权改革做得非常好，六年时间进行了五轮改革，我们是人力资源行业内最早实行合伙人制度的企业，目前公司持股股东已增至110人；还有就是公司的人才构架，很多高管都是从中国500强或者世界500强出来的，有丰富的管理水平和阅历。同时我们也很注重培训，我们本身就是轻资产的公司，资产就是一帮人，整个行业就是人在操盘，所以我们每年都会花巨资打造企业的学习和培训环境，也在行业内率先成立了'优蓝网'商学院。最后是我们的人才梯队建设，让每个人都有发展和成长的空间。"

2. 项目选择的步骤

把您意向中的创业项目用下列方式进行筛选：

1）评估候选创业项目的几个维度

A. 顾客
你怎么知道你所在地区对你的企业有需求？

谁将是你创办企业的顾客？

顾客的数量足够多吗？

顾客有能力购买你的企业的产品或者服务？

顾客愿意到你的企业购买产品或者服务吗？

B.　竞争对手

你要创办的企业是你准备创业地区的同类企业中的唯一一家吗？

如果有其他类似的企业，你将如何才能成功地与他们竞争？

C.　资源和需求

你如何才能提供顾客需要的产品并保证服务质量？

你从哪里获得资源来创办企业？

你从哪里能够得到创办企业的建议和信息？

企业需要设备、厂房和合格的员工吗？

你能够得到满足这些要求所需的资金吗？

D.　你的技能、知识和经验

你对你想创办企业的产品或者服务了解多少？

你有哪些技能、知识和经验能帮助你经营企业？

为什么你认为你的企业会赢利？

你的个性和能力如何才能适应企业的经营？

你是否愿意并能够投入大量的时间和精力促使这家企业成功？

2）根据以上讲解的四个评估维度，把候选项目的信息填写到下面表格里面去，然后再做比较筛选：

表1　候选项目筛选表

候选项目	项　目　解　读	选择结果
老太太幼儿园	王女士认为专门为老年人提供托养服务的托老机构正显露出无限商机。她所在社区的民办托老中心的老人们，不少是主动要求入住托老中心的。他们一般身体还过得去，又不想拖累子女们，老人们还可以在一起打打麻将、看看电视，有说有笑的，比独自在家里过得开心多了。自己曾经在医院工作过，具备老年人护理经验。	√
老年人专用护肤品经销	据介绍，由于皮肤纤维退化、皮脂腺萎缩，老年人的皮肤通常干燥，缺乏弹性，抵抗力也不好，他们使用的护肤品更有必要与儿童和年轻人的区别开来，建议为老年人设计一些温和、敏感度低、保湿效果好的护肤品。目前市场上还没有专门经营或者主要经营老年人专用护肤品的商家。 　　但根据调查，发现受传统观念影响，老年人很少把钱花在护肤上。	
老年旅游市场	过了七八月份的暑期旅游旺季，旅行社又将迎来秋季的老年人旅游旺季。目前我国每年老年人旅游人数已经占到全国旅游总人数20％以上。独自或结伴出游的老年人越来越多，很大程度上填充了旅游淡季市场的空当。	

续上表

候选项目	项 目 解 读	选择结果
老年陪护中心	随着我国人口老龄化趋势的发展，老人的孤独感等心理问题也日益受到人们的关注，而瘫痪、老年性痴呆以及晚期癌症等丧失生活自理能力的老年病人也越来越多，他们给家庭和社会造成的负担也日趋严重。虽然很多子女会尽心尽力地去照顾老人，但他们还必须同时顾及自己的工作。尤其是现在的独生子女，将来他们面临的是四位老人需一对夫妇去照顾的情形，这对一个家庭来说从精力上和能力上都是远远不够的。因此，办个"老年陪护中心"是完全符合市场需求的。	√
老年手机市场	很多老年人却在为找不到一部适合自己的手机而苦恼。有资料显示，我国目前60岁以上老年人约有1.3亿，约占总人口的10.2%。到2015年，60岁以上人口将超过两亿，约占总人口的14%。老年人消费市场不可小视。	

3）分析你的项目

在对以上表格中的候选创业项目进行初步筛选后，您还需要继续收集更多的关于这些项目的不同侧面的相关信息，以便于你能更加准确地选择创业项目。一般地，你可以用如下两个方法来分析你的创业项目。

- 实地调研
- SWOT分析

A. 实地调研

到目标市场去，与顾客、供货商交流，甚至冒充顾客与将来的竞争对手交流，或者到他们的营业场地去观察，或者去他们那里做正式的拜访，都能够获得一些对你有用的信息。

B. SWOT 分析法

请跳到本书第七章《初创企业的市场营销》，专门讲述了SWOT 分析法。

第六章 商业模式设计

重点内容提要

- 商业模式、产品、人三者之间的关系
- 商业模式设计

1. 商业模式、产品、人三者之间的关系

我们知道了如何寻找好的创业项目，选择确定了创业项目后，创业人就要谋划用什么样的商业模式来进行项目推广。产品、商业模式、人这三者之间本身就是相辅相成的关系。

- 产品（包括服务）是基础
- 商业模式是关键
- 人是决定性因素

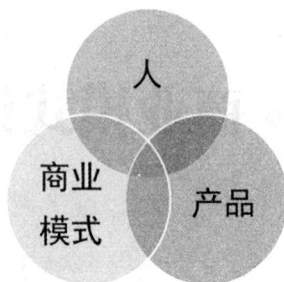

图2：人、商业模式、产品三者的关系

作为创业人，要正确认识到三者之间的关系。任何企业都是以产品（服务）存在为基础的。这里的产品，包含企业的有形产品，也包含企业的无形产品，如服务。如果企业的产品好，价格适当，就为公司的市场营销提供了最好支撑。这种情况下，就算是企业的市场营销做得一般，但公司的产品销售也会逐渐上升。但如果企业提供的产品本身质量很差，甚至有致命缺陷，这种情况下，企业的市场营销越是做得好越会加快产品的死亡。

2. 商业模式设计

1）商务模式的构成

我们认为，商业模式包含以下三个内容：
第一是技术模式，其核心指标是性价比；
第二是经营模式，其核心要素是盈利点；
第三是合作模式，其核心要素是共赢点。

创业企业的商务模式由三个相对独立的板块构成，如图3。

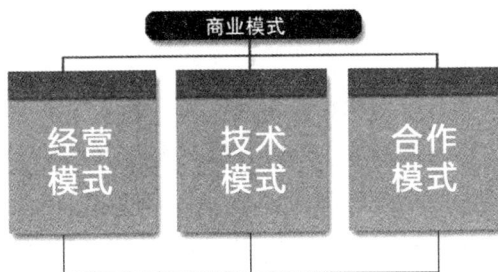

图3：商业模式的结构

　　在这三个模式中，首先要确定的是技术模式。因为技术模式的变化往往会引起经营模式和合作模式的变化。例如，互联网技术的诞生就使很多传统项目的经营模式发生了根本性的革命，过去商场开在街上，现在可以开在网上。不过，技术模式也有可能反过来受到经营模式的制约。目前有很多尖端的技术已经出现，但是由于成本高昂一直无法实际应用。经营模式的价值导向，使得性价比而不是先进性成为技术模式的核心指标。

　　在这三个模式中，经营模式处于核心地位。经营模式的宗旨是盈利，无论技术模式还是合作模式都需要围绕这个宗旨形成。一个项目可以没有技术模式（没有技术含量的传统项目），也可以没有合作模式（独家经营），但是不可能没有经营模式。经营模式是一个项目得以立项的必要条件。即使在同一个技术平台上，不同的经营模式所带来的结果也往往大相径庭。例如，同样在互相网上开一个网站，经营模式五花八门。有的网站靠广告费赚钱，有的网站靠会员费赚钱，有的网站靠网上交易佣金赚钱，有的网站靠出租网上商铺赚钱。这就要看设计什么样的经营模式能够为你带来更大的效益，同时最大限度地屏蔽风险。

在这三个模式中，合作模式的策划是最困难的，也是技术含量最高的。如果说技术模式和经营模式涉及的是权益如何产生，那么合作模式涉及的则是权益如何分配。权益分配的方案不但取决于项目公司本身的决策，同时也取决于合作方的决策。它是合作双方（或多方）博弈的结果，是一个互动的过程。一个项目即使有非常好的技术模式和经营模式，可是如果合作模式没有设计好，也会功亏一篑。中国人往往不患寡而患不均，大多数国内企业的失败，不是垮在技术模式和经营模式上，而是垮在合作者的内讧中。多年来，我们目睹过很多企业的兴衰。很多一起创业的合作伙伴，第一年同舟共济，第二年还能同心协力，第三年已经同床异梦了，第四年开始同室操戈，到了第五年就该同归于尽了。

2）技术模式的设计策划

技术模式首先涉及的是技术方案的选择。选择技术方案有三个基本的标准：适用性、稳定性、经济性。

首先要考虑的问题是适用性。这是技术选择的底线，任何技术方案首先必须满足基本的功能，然后才能在此基础上考虑拓展功能。例如一个涉及图像处理的项目要选择打印设备，首先要考虑你处理的大多数图像是一般彩图还是照片，是风景照片还是人物照片，然后根据要求确定适用标准。如果是前者，比较低档的打印设备就可以满足了；如果是风景照片，就必须使用比较高级的打印设备；如果是人物照片，则需要尖端的打印设备。

其次要考虑的问题是稳定性。作为工业化产品或项目，技术的稳定性永远优先于它的尖端性。上例中，如果你选择的设备可以打印出最高9600万像素的照片，但是每一次打印出来的照片色彩都不一样，那么我们就宁愿退而求其次，选择能够打印4800万像素，但是色彩保持稳定的设备。不稳定的尖端技术只有学术意义而没有应用价值，没有应用价值的技术就不具备可行性。项目的可行性＝适用性＋稳定性。

最后要考虑的问题是经济性。经济性有两个评估指标：一是投资成本，二是运行成本。而现实中这两个指标往往是矛盾的，投资成本高往往运营成本就低，而运营成本低的投资成本很可能就高。比如，美国品牌的彩色打印设备，购买价格很高，但是彩色墨盒比较耐用，投资成本高而运行成本低；而日本品牌的彩色打印设备，购买价格很便宜，但是彩色墨盒不但消耗快而且价格贵，投资成本低而运行成本高。因此需要考虑该设备的使用频率，按最低的综合成本来决定取舍。

3）经营模式的设计策划

经营模式的宗旨是如何赚钱，这是衡量它优劣的主要指标。无论多么简单的经营模式，能盈利就是好的模式。我们把经营模式的设计策划总结出三个步骤：

第一步是捕捉商机，发现项目的盈利点；

第二步是设计流程，整合项目的四个流；

第三步是屏蔽风险，论证项目的可行性。

捕捉商机：发掘项目的盈利点。

项目想要赚钱，首先要发掘盈利点。发掘盈利点，涉及四个问题：取之何方，取之何道，取之何法，取之何值。

取之何方，也就是说赚谁口袋里的钱。这首先要搞清你的产品是谁埋单。

取之何道，就是通过什么途径赚钱。当你发现盈利点之后，下一个问题就是通过什么途径抓住它。如果你赚手脚的钱，你依靠的是廉价劳动力；如果你赚脑袋的钱，你依靠的是产品开发能力和商务模式的策划能力。

取之何法，就是你用什么方法实现盈利。在一个充分竞争的市场环境中，创造利润的手段通常是以旧创新、降低成本、提高效率、拾遗补阙、增加附加值等。你向客户提供了产品（或服务）的额外附加值，就可以理直气壮地提高价格；你的成本若低于市场平均成本，节约下来的成本就可以直接转成利润。这些都是直接创造利润的手段。

需要发掘的是一些可以间接创造利润的手段，它们往往都隐藏在表面利润的背后，不易被人发现。例如，你可以通过降低经营风险来实现盈利。经营风险会造成额外的成本，如果你能减少这些额外的非正常成本（比如质量事故、工期延误、客户欠账、财务漏洞等），就能降低项目运营的综合成本，间接地实现盈利。

取之何道，也就是说项目的产出与投入之比是否值得。经营模式的主要宗旨是为了让项目的盈利稳定，而并不一定追求暴利。有些项目天生就属于做不大的行业，比如专业配套产品，这类行业只能做精，而很难做大，但是这并不意味它们不需要经营模式，一个好的模式至少可以保证它们盈利（尽管很少）的可持续性。可是如果你硬要把一个原本做不大的行业做大，试图打造连锁体系，为此在经营流程中增加了很多额外的环节，最后有可能得不偿失。

我们可以用4P的整合营销思想做一个企业内部的经营模式：

先以产品和价格分类，进行不同的组合。我们能得出九个不同的组合结果。每一种组合，都有各自特点，都有优点也同时有各自的不足。企业最终采用哪种组合结果，取决于企业的战略目标、市场定位和目标市场。

表2　产品与价格的不同组合

产品/项目		价　　格		
		低价格	中价格	高价格
产品	优质	优质低价	优质中价	优质高价
	中质	中质低价	中质中价	中质高价
	低质	低质低价	低质中价	低质高价

如果我们再加上渠道和促销，与之前的产品、价格进行多种组合，我们会得出不同的整合营销策略，企业也会有了不同的内部经营模式。

表3　经营模式设计中的4P应用

4P项目	内　　容	备　注
产品	优质、中质、低质	
价格	低、中、高	
渠道	零渠道、短渠道、长渠道、宽渠道、窄渠道	
促销	营业推广 广告 政府 媒体 公共关系	

4）合作模式的设计策划

合作模式涉及所有项目干系人。所谓项目干系人，是指所有与项目公司具有利益关系的人，包括公司的股东、投资人、业务合作伙伴、关键技术人、团队员工、客户、供应商、经销商、政府、银行，甚至有利益相关的老百姓等。

分配模式

如果说经营模式要解决的主要问题是怎样赚钱，那么合作模式要解决的主要问题就是如何分配。分配模式不但涉及合作各方如何分配收益和权利，同时还涉及如何分担风险和责任。一个分配模式若要想被合作各方所接受，并且可持续运转，必须符合两个基本原则：第一是分配方案公平合理；第二是操作过程公开透明。

分配方案公平合理，意味着权利和义务对等，其具体包含有两个指标：一是风险与收益成正比；二是贡献与权益成正比。关于风险与收益的正比例关系，谁承担了更大的风险，就有权利获得更大的收益，这是公平的尺子；贡献与权益的正比例关系更是毋庸置疑，多劳多得，多投多获，这是合理的砝码。不过在分配过程中比较容易产生分歧的是对一些无形资源投入的评价，比如投入的是品牌、信誉、名望、关系、权利、业余的时间精力等，该如何获得相应的分配。鉴于对这些非金钱资源的评估没有统一的尺度，因此必须靠合作各方充分沟通协商。

【卓商荟·创业故事】第26期沙龙分享案例

创业能否成功，猪说了算

刘国东或许从未想过有朝一日自己会成为"养猪大户"，更想不到原来"养猪"也可以玩出那么多玄机。如今他的藏香猪养殖场满负荷运转状态下已能达到年产一万头的庞大规模，这一切都离不开他精心设计的商业模式。

刘国东与藏香猪的缘分是在一次赴九寨沟洽谈业务的过程中结下的。当他第一口品尝到这么劲弹爽口、薄脆留香的猪肉时，心中就暗暗打定主意："我也要养藏香猪！"

刘国东此前做过IT，搞过广告，但养猪对他而言却是大姑娘上轿——头一遭。他来到阿坝州找到当地领导进行咨询，当被问及准备养多大规模时，刘国东豪爽地说："两万头！"领导沉默了数秒，他说："您知道吗？整个阿坝州全年的养殖量也不到两万头。"困难虽然摆在眼前，但对于刘国东而言没有退缩，只有向前。

在经过了一番市场调查之后，刘国东邀请到川农大动物研究学院院长带领着一支14人的博士团队帮助他研究饲养藏香猪。技术问题完美解决，剩下的就是要经营模式了，怎样才能和谐高效地将当地农民、政府、银行、饲料厂等众多资源整合起来为我所用呢？刘国东开动起了脑筋。

刘国东希望通过一套有效的经营模式解决如下几个问题：

①他不希望自己公司修建大量的藏香猪养殖场，不希望圈养，而是希望能够放养。

②他不是当地人，不熟悉当地农民的语言和习俗。所以刘国东希望自己与每户养殖户去分别谈判。

③自己公司给当地养殖户提供藏香猪猪仔供养殖户养殖，猪仔长大成为成品猪后，由他们公司按约定价格回购。这个价格能够让当地养殖户获得合理的养殖收入。

④养殖户在培养猪仔的过程中，需要猪饲料。但当地养殖户很穷，没有钱购买饲料。所以需要他们公司提供饲料支持。

⑤养殖户需要藏香猪公司提供猪仔的疾病预防支持。

通过周密的设计，刘国东最后设计如下图的经营模式：

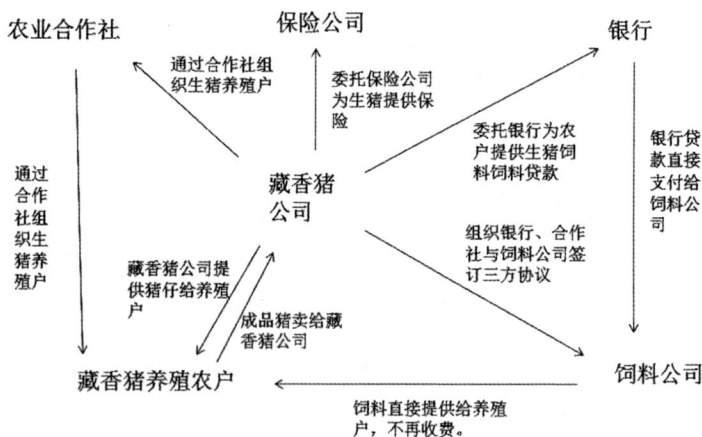

刘国东设计的经营模式是这样的：

　　以小金县招商引资形式在小金县当地成立一家项目公司（藏香猪养殖公司）。由项目公司与当地的农业合作社签订合作协议，委托农业合作社组织当地的农民代养殖项目公司的猪仔。由于农业合作社的负责人都是当地村民，甚至绝大多数还是当地农村基层组织（村、组）的负责人，如村长、村支书等，熟悉当地民俗，他们在当地养殖户拥有较高的声望，更容易与当地农民沟通。从而避免了项目公司与当地农民沟通谈判的麻烦。与合作社的合作内容，包括项目公司通过农业合作社给当地养殖户免费提供猪仔、帮助协调饲料供应、猪仔疾病预防、按照合同价格回收成年藏香猪等。

　　养殖户向当地银行申请饲料贷款，由项目公司作为担保人。银行批准贷款，但是银行发放的饲料贷款直接支付给项目公司指定的饲料厂。饲料款按照合同约定，定期把饲料提供给当地养殖户，因为饲料厂已经收到了银行转移支付的饲料款，所以不再向当地养殖户要货款。通过这个三方合同，既解决了养殖户没有饲料的问题，也解决了银行贷款会被养殖户挪用的问题。

　　养殖行业最大风险就是动物的疾病风险。为此，项目公司专门为这些藏香猪买了保险，以期把风险带来的损失降到最低。

　　现在项目公司每年出品7000头成年藏香猪，每头藏香猪身价约为6000元人民币。

第七章. 初创企业的市场营销

重点内容提要

- SWOT分析
- 市场细分和目标市场
- 4P与4C策略

1. SWOT分析模型

SWOT分析法经常被用于企业战略制定、竞争对手分析等场合。

在现在的战略规划报告里，SWOT分析应该算是一个众所周知的工具。包括分析企业的优势（Strengths）、劣势（Weaknesses）、机会（Opportunities）和威胁（Threats）。因此，SWOT分析实际上是将对企业内外部条件各方面内容进行综合和概括，进而分析组织的优劣势、面临的机会和威胁的一种方法。

通过SWOT分析，可以帮助企业把资源和行动聚集在自己的强项和有最多机会的地方；并让企业的战略变得明朗。

SWOT模型含义介绍

优劣势分析主要是着眼于企业自身的实力及其与竞争对手的比较，而机会和威胁分析将注意力放在外部环境的变化及对企业的可能影响上。在分析时，应把所有的内部因素（即优劣势）集中在一起，然后用外部的力量来对这些因素进行评估。

1）机会与威胁分析

随着经济、社会、科技等诸多方面的迅速发展，特别是世界经济全球化、一体化过程的加快，全球信息网络的建立和消费需求的多样化，企业所处的环境更为开放和动荡。这种变化几乎对所有企业都产生了深刻的影响。正因为如此，环境分析成为一种日益重要的企业职能。

环境发展趋势分为两大类：一类表示环境威胁，另一类表示环境机会。环境威胁指的是环境中一种不利的发展趋势所形成的挑战，如果不采取果断的战略行为，这种不利趋势将导致公司的竞争地位受到削弱。环境机会就是对公司行为富有吸引力的领域，在这一领域中，该公司将拥有竞争优势。

2）优势与劣势分析

识别环境中有吸引力的机会是一回事，拥有在机会中成功所必需的竞争能力是另一回事。每个企业都要定期检查自己的优势与劣势。

当两个企业处在同一市场或者说它们都有能力向同一顾客群体提供产品和服务时，如果其中一个企业有更高的赢利率或赢利潜力，那么，我们就认为这个企业比另外一个企业更具有竞争优势。换句话说，所谓竞争优势是指一个企业超越其竞争对手的能力，这种能力有助于实现企业的主要目标——赢利。但值得注意的是：竞争优势并不一定完全体现在较高的赢利率上，因为有时企业更希望增加市场份额，或者多奖励管理人员或雇员。

3）SWOT分析步骤

①确认当前的战略是什么？
②确认企业外部环境的变化。
③根据企业资源组合情况，确认企业的关键能力和关键限制。

表4　SWOT分析：潜在机会与分析

潜在资源力量	潜在资源弱点	公司潜在机会	外部潜在威胁
·有力的战略 ·有利的金融环境 ·有利的品牌形象和美誉 ·被广泛认可的市场领导地位 ·专利技术 ·成本优势 ·强势广告 ·产品创新技能 ·优质客户服务 ·优秀产品质量 ·战略联盟与并购	·没有明确的战略导向 ·陈旧的设备 ·超额负债与恐怖的资产负债表 ·超越竞争对手的高额成本Higher ·缺少关键技能和资格能力 ·利润的损失部分 ·内在的运作困境 ·落后的能力 ·过分狭窄的产品组合 ·市场规划能力的缺乏	·服务独特的客户群体 ·新的地理区域的扩张 ·产品组合的扩张 ·核心技能向产品组合的转化 ·垂直整合的战略形式 ·分享竞争对手的市场资源 ·竞争对手的支持 ·战略联盟与并购带来的超额覆盖 ·新技术开发通路 ·品牌形象拓展的通路	·强势竞争者的进入 ·替代品引起的销售下降 ·市场增长的减缓 ·交换率和贸易政策的不利转换 ·由新规则引起的成本增加 ·商业周期的影响 ·客户和供应商的杠杆作用的加强 ·消费者购买需求的下降 ·人口与环境的变化

④按照通用矩阵或类似的方式打分评价。

把识别出的所有优势分成两组，分的时候以两个原则为基础：它们是与行业中潜在的机会有关，还是与潜在的威胁有关。用同样的办法把所有的劣势分成两组，一组与机会有关，另一组与威胁有关。

⑤将结果在SWOT分析图上定位。

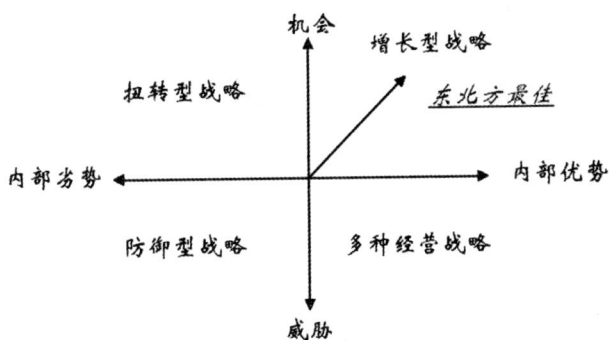

图4：SWOT分析

或者用SWOT分析表，将刚才的优势和劣势按机会和威胁分别填入表格。

表5　对机会与威胁的应用

内部因素

外部因素	2 利用这些	3 改进这些	机会
	监视这些	1 消除这些	威胁
	优势	劣势	

4）成功应用SWOT分析法的简单规则

- 进行SWOT分析的时候必须对公司的优势与劣势有客观的认识；
- 进行SWOT分析的时候必须区分公司的现状与前景；
- 进行SWOT分析的时候必须考虑全面；
- 进行SWOT分析的时候必须与竞争对手进行比较，比如优于或是劣于你的竞争对手；
- 保持SWOT分析法的简洁化，避免复杂化与过度分析。

2. 市场细分与目标市场

1）为什么要进行市场细分

市场细分化是营销学中一个重要的概念和方法。它直接体现了市场营销观念的要求。市场细分，可以为企业认识市场、研究市场、选择目标市场提供依据。具体讲，它将有助于企业开展好如下工作：

A. 是研究市场的出发点。面对庞大的整体市场，要全面深入研究消费者的需求。只有先对市场进行细分，根据消费者的需求特点，划分出不同类型的消费者群，深入研究才能掌握其需求的发展变化规律。

B. 分析市场机会。通过市场细分化可认识每一细分市场的需求潜力，可了解各个细分市场的需求被满足的程度和需求特点。可以发现哪些细分市场的需要没有得到满足或满足程度不高。而满足水平低的细分市场，就可能是企业可能利用的市场机会。

C. 设计营销战略。只有在市场细分化和确定目标市场后，企业才能根据目标市场的特点，有针对性地设计有竞争性的营销战略，以适应目标市场要求，迅速占领目标市场。

D. 有利于开拓新市场。市场细分可使企业在分析市场中获取消费者现实需要和潜在需要的有关信息及竞争者的经营情况。这就为企业发现市场机会，开发新产品、开拓新市场提供了客观依据。企业可以根据市场需要开发新产品，开拓新市场，满足消费者不断变化的新需要，使企业有比较灵活的应变能力。

2）消费者市场细分的标准

对消费者市场进行细分的标准很多，因为影响消费者需求的因素有很多，这些因素都可以成为细分市场的标准。如收入、年龄、性别、职业、居住位置、购买习惯、动机等。把这些因素归纳起来，消费者市场细分的标准有四大类：

- 地理标准
- 人口标准
- 心理标准
- 行为标准

与需求相联系的产品因素。

市场细分的标准是很多的，凡是影响消费者需求的因素都可以成为市场细分的标准。企业选用哪些标准来细分市场，必须结合市场特点，产品特点来灵活运用。

3）细分市场的具体方法是什么？

A. 单一变数法

即按影响消费需求的某一个因素来进行市场细分。比如，儿童玩具市场，由于儿童智力与年龄直接相关，就可按年龄这一个因素划分市场。如1—3岁、3—5岁，5—7岁，7—10岁，10—12岁等不同的儿童玩具市场。

B. 综合变数法

即以影响消费需求的两种以上因素进行综合划分。如某一种食品（生日蛋糕）的市场细分，根据影响消费需求的几个主要因素如民族、年龄、收入水平来细分市场。按民族分成回、汉；按年龄分成老年人、青年人、儿童，按收入水平分成（或价格档次）30元以下，30元～50元，50元以上的。这样，按这三个因素划分后，可分成18个细分市场。

C. 系列变数法

根据企业经营的需要，按照影响消费需求的诸因素，由粗到细地进行系列分割。例如手表行业细分市场情况就是采用此方法。

D. 产品—市场方格

即根据顾客所需要的产品和各种类型的消费者来划分市场。如汽车市场，假设在三顾客群，农用、军用、工用，需要的车种类有汽车、柴油车、电力车即可按此汽车市场划分为9个子市场。

4）目标市场的分类

企业的目标顾客市场通常是下列万种顾客市场中的一种或数种。

- 消费者市场个人和家庭消费
- 生产者市场
- 转卖者市场
- 政府市场
- 国际市场

每个市场都有自己的需求特点，因而创业者需要仔细地研究它们。

5）为什么要进行目标市场营销？

目标市场是在对市场细分化基础上确定的。

通常把不加选择或未细分化的市场叫综合性市场或一般性市场。综合性市场营销和细分化市场营销活动有很大区别。

综合性市场营销活动没有什么特性，它不针对顾客的特定要求，而是针对顾客的共同要求来开展市场经营活动。它所生产的产品没有什么针对性，品种花色很少。消费者只能从价格上加以选择。这种综合性市场营销，即企业笼统地对待所有消费者的经营活动在市场竞争不激烈的情况下尚可以。但在市场充分竞争情况下，市场竞争很激烈，竞争在各方面表现（价格、产品、促销、渠道等），在这种情况下，企业只有把市场细分化，选择一定的顾客对象，作为本企业的目标市场，并针对目标市场开展营销活动，才有可能取得成功。这就是确定目标市场的目的。换句话说，在市场成熟条件下，企业只有针对特定消费者的需求开展营销活动才能取得成功。

6）如何选择目标市场？

选择确定目标市场是一项细致的工作。一般来讲，需要按照如下步骤确定目标市场：

第一步：市场细分。

第二步：评价细分市场。

第三步：预测各细分市场的发展趋势。

第四步：是考虑企业资源，经营能力，优劣势和竞争状况，选择有利于企业进入和占领的目标市场。

第五步：为进入目标市场的产品定位。

第六步：为目标市场确定营销组合。

下面是一个确定目标市场的实例。

卓商荟企业家平台抢建到培训咨询服务的转型

成都卓商荟以前是以搭建企业家俱乐部平台为主营业务，希望通过搭建企业家俱乐部的形式，实现对企业主群体的服务。但是通过一段时间的实践验证，发现这个预期是不能实现的，大中型企业主根本不需要卓商荟的企业家平台交流服务，因为他们已有与自己实力相匹配的交流平台。

不过同时，卓商荟创办人发现，虽然大中型企业主不愿购买他们的服务，但小微型企业主很需要卓商荟的帮助。小微企业主在企业管理、股权设置、合伙人寻找、项目选择、商业模式设计、资金筹备等方面更需要有服务商为他们提供人才、智慧、资金筹备等方面的帮助。经过论证后，卓商荟将企业主群体做了市场细分，将小微企业主和创业人作为自己的主要目标客户群。为他们提供培训和咨询服务。

卓商荟做了这次调整后，公司经营状况很快得到了明显改善。

7）什么是集中营销？

这种战略特别适合创业型企业。它是企业以一个细分市场或几个细分市场作为目标市场，企业集中力量，进入选定的市场，力求在这个市场中占有优势。

这样的实例很多，如桃丽丝公司集中于发品市场，大众汽车公司专生产小型汽车，新大陆食品公司只生产冰激凌。企业实行集中营销，是要在为之服务的细分市场中取得优势地位。此外，由于营销组合的专业化，使企业享有业务上的经济性。如果企业能确立在市场上的有利地位，就能获得较高的投资报酬率。

3. 市场营销的4P与4C策略

1）4P营销理论

4P理论产生于20世纪60年代的美国，即：
- 产品（Product）：注重开发的功能，要求产品有独特的卖点，把产品的功能诉求放在第一位。

· 价格（Price）：根据不同的市场定位，制定不同的价格策略，产品的定价依据是企业的品牌战略，注重品牌的含金量。

· 渠道（Place）：企业并不直接面对消费者，而是注重经销商的培育和销售网络的建立，企业与消费者的联系是通过分销商来进行的。

· 促销（Promotion）：企业注重销售行为的改变来刺激消费者，以短期的行为（如让利，买一送一，营销现场气氛等等）促成消费的增长，吸引其他品牌的消费者或导致提前消费来促进销售的增长。

4P营销理论的意义：

4P的提出奠定了管理营销的基础理论框架。该理论是站在企业立场上的，认为影响企业营销活动效果的因素有两种：

一种是企业不能够控制的，如社会/人口、技术、经济、环境/自然、政治、法律、道德、地理等因素，称之为不可控因素，这也是企业所面临的外部环境；

一种是企业可以控制的，如产品、价格、分销、促销等营销因素，称之为企业可控因素。

企业营销活动的实质是一个利用内部可控因素适应外部环境的过程，即通过对产品、价格、分销、促销的计划和实施，对外部不可控因素做出积极动态的反应，从而促成交易的实现和满足个人与组织的目标，用科特勒的话说就是"如果公司生产出适当的产品，定出适当的价格，利用适当的分销渠道，并辅之以适当的促销活动，那么该公司就会获得成功"。市场营销活动的核心就在于制定并实施有效的市场营销组合。

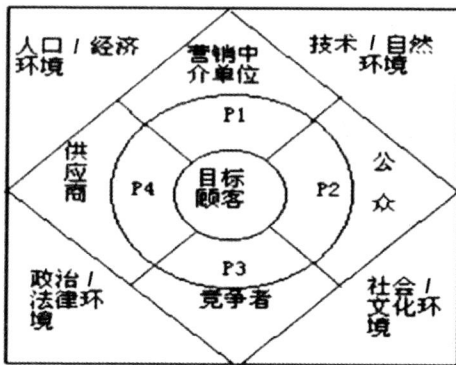

图 5：4P 与目标顾客

注：

P1——Product（产品）

P2——Price（价格）

P3——Place（渠道）

P4——Promotion（促销）

此模型优势是显而易见的：

它把企业营销活动这样一个错综复杂的经济现象，概括为三个圆圈，把企业营销过程中可以利用的成千上万的因素概括成四个大的因素，即 4Ps 理论——产品、价格、分销和促销，非常简明、易于把握。是营销界和营销实践者普遍接受的一个营销组合模型。

4P 理论是传统营销学的核心。尽管此后又涌现了 6P 学说、12P 学说，但都是 4P 理论的进一步派生。随着市场竞争的日益激烈、产品、价格、营销手段愈发趋于同质化，互相模仿的现象比较严重，寻求差易化优势这一营销行为的根本要旨，在原有的营销理论框架内已难以实现。新环境下的企业营销实践需要新理论的指导和补充。20世纪90年代，美国的舒尔兹等人提出了整合营销新观念，在此新规范下提出了4C理论。

2）4C营销理论简介

4P相对应的4Cs营销理论。随着市场竞争日趋激烈，媒介传播速度越来越快，4Ps理论越来越受到挑战。1990年，美国学者罗伯特·劳特朋教授提出了与传统营销的4P相对应的4C营销理论。

- 产品（Product）——客户价值（Customer Value）
- 价格（Price）——客户成本（Customer Cost）
- 地点（Place）——客户便利（Customer Convenience）
- 促销（Promotion）——客户沟通（Customer Communication）

- 顾客（Customer）：主要指顾客的需求。企业必须首先了解和研究顾客，根据顾客的需求来提供产品。同时，企业提供的不仅仅是产品和服务，更重要的是由此产生的客户价值（Customer Value）。

- 成本（Cost）：不单是企业的生产成本，或者说4P中的Price（价格），它还包括顾客的购买成本，同时也意味着产品定价的理想情况，应该是既低于顾客的心理价格，亦能够让企业有所盈利。此外，这中间的顾客购买成本不仅包括其货币支出，还包括其为此耗费的时间，体力和精力消耗，以及购买风险。

- 便利（Convenience）：顾客在购买某一商品时，除耗费一定的资金外，还要耗费一定的时间、精力和体力，这些构成了顾客总成本。所以，顾客总成本包括货币成本、时间成本、精神成本和体力成本等。由于顾客在购买商品时，总希望把有关成本包括货币、时间、精神和体力等降到最低限度，以使自己得到最大限度的满足，因此，零售企业必须考虑顾客为满足需求而愿意支付的"顾客总成本"。努力降低顾客购买的总成本，如降低商品进价成本和市场营销费用从而降低商品价格，以减少顾客的货币成本；努力提高工作效率，尽可能减少顾客的时间支出，节约顾客的购买时间；通过多种渠道向顾客提供详尽的信息、为顾客提供良好的售后服务，减少顾客精神和体力的耗费。

• 沟通（Communication）：则被用以取代4P中对应的Promotion（促销）。4C营销理论认为，企业应通过同顾客进行积极有效的双向沟通，建立基于共同利益的新型企业/顾客关系。这不再是企业单向的促销和劝导顾客，而是在双方的沟通中找到能同时实现各自目标的通途。

4C营销理论意义：

它强调企业首先应该把追求顾客满意放在第一位；其次是努力降低顾客的购买成本；然后要充分注意到顾客购买过程中的便利性，而不是从企业的角度来决定销售渠道策略；最后还应以消费者为中心实施有效的营销沟通。

与产品导向的4P理论相比，4C理论有了很大的进步和发展。它重视顾客导向，以追求顾客满意为目标，这实际上是当今消费者在营销中越来越居主动地位的市场对企业的必然要求。

4P与4C的相互关系：

众所周知，4P与4C是互补的而非替代关系。

Customer，是指用"客户"取代"产品"，要先研究顾客的需求与欲望，然后再去生产、经营那个和销售顾客确定想要买的服务产品；

Cost，是指用"成本"取代"价格"，了解顾客要满足其需要与欲求所愿意付出的成本，再去制定定价策略；

Convenience，是指用"便利"取代"地点"，意味着制定分销策略时要尽可能让顾客方便；

Communication，是指用"沟通"取代"促销"，"沟通"是双向的，"促销"无论是推动策略还是拉动战略，都是线性传播方式。4Ps与4Cs二者之间的关系参见下表。

表6　4P与4C的相互关系对照表

类别	4P		4C	
阐释	产品	服务范围、项目，服务产品定位和服务品牌等	客户	研究客户需求欲望，并提供相应产品或服务
	价格	基本价格，支付方式，佣金折扣等	成本	考虑客户愿意付出的成本、代价是多少
	渠道	直接渠道和间接渠道	便利	考虑让客户享受第三方物流带来的便利
	促销	广告，人员推销，营业推广和公共关系等	沟通	积极主动与客户沟通，需找双赢的认同感
时间	20世纪60年代中期（麦卡锡）		20世纪90年代初期（劳特朗）	

4P、4C的科学应用：

营销的核心是供需双方通过某种传媒的沟通与了解，最终形成交易合约，其衍生物对供方来说是形成忠实的用户群落，对需方来说，是对品牌的认知与忠诚。因此，就各执一端的4P与4C来说，如同构筑了供方与需方的两座桥头堡，只有搭起了供求双方之间的桥梁，交易才能完成。因此，在具体运用时，应将两者有机结合，相互借鉴，并根据企业各自的特点灵活地互补应用，方能发挥独特的作用，其具体方法如下：

A. 4P理论仍然是企业营销活动的基础框架，进一步扎实做好产品技术、质量、成本、服务等基础性工作。

B. 吸收4C理论的先进理念，建立客户档案数据库，与顾客建立起一种互助、互求、互需的关系。在竞争性市场中，顾客具有动态性，顾客忠诚度是变化的，他们会转移到其他的企业，要提高顾客的忠诚度、赢得长期而稳定的市场，就需要企业把以消费者为中心作为一个系统思想来认识，把它贯彻到产品开发、定价策略、销售渠道设计等企业经营的诸多环节，与消费者建立一种一对一的互动式的营销关系。实现这种互动的前提是建立客户档案，记录客户的基本住处大力运用新媒体、新技术传播工具。

C. 以4C理论为指导，在组织架构、业务流程上，采用扁平化的架构和矩阵式的管理。4C理论强调企业与消费者要开展互动、有效的沟通，只有这样才能满足消费者需要的价值取向。

D. 从着眼于短期利益转向重视长期利益，在销售渠道上，从单一销售转向建立友好合作关系，把服务、质量和营销有机地结合起来，通过与顾客建立长期稳定的关系实现长期拥有客户的目标。

E. 建立市场快速反应机制，提高反应速度和回应力。当代先进企业已从过去推销性商业模式，转移成高度回应需求的商业模式。企业应站在顾客的角度及时地倾听顾客的希望、渴望和需求，并了解竞争者动向，及时答复和迅速做出反应，这样可最大限度地减少客户转移的概率。

第八章 初创企业的团队管理

重点内容提要

· 创业团队的成员

· 初创企业的组织结构设计

· 初创企业的团队管理

我们通过前面章节的学习，已经知道了该怎么设计技术模式、经营模式和分配模式。同时，我们也通过SWOT等方法找到了我们的目标市场和顾客。但是，正如在第七章《商业模式设计》中讲解商业模式、产品与人这三者之间的关系时候提到的观点：产品是基础，商业模式是核心，人是决定我们创业能否成功的关键。因为产品的设计开发、商业模式的执行等，都是靠人来干的。

所以，我们需要对自己的企业做人员计划，并组织我们的企业人员去实现我们的市场营销计划。同时，合作创业、合伙创业已经是我们常选择的形式，一般的创业公司还有合伙人等。为了使我们的初创企业顺利而成功地运行起来，您必须很好地安排团队成员。有人说，团队就像一台设备，团队的每个成员就是这台设备的零件。每一个零件的安装位置、规格型号、质量都不能出问题，一旦一个零件出了问题，这台设备都不能正常运转。所以您作为创业者，不但要知道自己的企业有哪些工作要做，更要知道安排合适的团队成员去做这些工作。

在本章，我们将学习团队的组织架构设计、团队成员的挑选、工作安排和组织管理等方面的知识和技能。

1. 创业团队的成员

初创企业规模都不大，一般由一下岗位人员的组成：

· 创业者（老板），即您本人
· 股东或合伙人
· 员工
· 企业顾问（企业咨询顾问、专家、学者、会计师、律师、政府部门人员、行业协会人员等）

2. 初创企业的组织结构设计

团队组织结构设计对于企业经营治理的重要性，正如木桶上的一块木板，虽然不是唯一重要或者最重要的，却是不可或缺的。

组织结构，是指为了实现组织的目标，在组织理论指导下，经过组织设计形成的组织内部各个部门、各个层次之间固定的排列方式，即组织内部的构成方式。

其实，说白了就是成立一个公司，要有若干部门各司其职，让一个企业运转起来。根据企业类型和经营项目的不同，设立的部门也不一样。但是基本的职能都要具备。最起码要有人事、财务、销售、生产这四大基础。剩下的可按照实际情况细分。初创型的小微公司因为刚创建，业务少，员工一个可以兼职几个工作量不大的岗位，这样既节约成本又可以让工作快速进行。

初创企业的部门设置，可以按照职能来划分，如生产、营销、研发、财务、行政人事等。也可以按照业务类别来划分，比如一家软件公司可以设立财务软件部、治理软件部、OEM部等等。然后在每个业务部门内分别配备生产、营销、研发、财务、行政人事等职能部门，或者再设立统一的职能部门统一负责。

图6：简单的组织结构结构

做为初创企业，我们建议给自己的企业做简单结构的设计。简单结构是一种扁平式组织结构形式，通常经营者与所有者是同一个人，仅有2～3层垂直层次。它的优点在于简便易行、反应敏捷、费用低廉、责任明确，管理跨度宽，特别适合于企业初创时期。

3. 初创团队的人力资源管理

初创企业，一张"白纸"，要建成什么样的企业？将来要走向何方？有谁来帮助规划"蓝图"和协同其一起创业？全在创业者或老板的脑子里。而人力资源管理就是通过人力资源管理的专业技能，主要解决创业人最头疼的事情，如：

- 每一个岗位应该做什么事？
- 由什么样的人来做事？
- 来了干得如何？
- 不合适的，如何让其离开团队？
- 合适的人可能会跳槽，我们又该如何把人留住？

等等一系列的关于人怎么管理的问题。

现在的人力资源管理（英文简称：HR）已经突破了传统的模式，把人上升到资源的角度进行配置和管理，以期通过有效的人力资源管理能实现正面引导、激励自己的团队成员，齐心协力，完成工作。

1）明确每个岗位的工作职责

在招聘员工前，就需要对该岗位的工作职责制成岗位说明书。岗位说明书规定了该岗位必须要做的工作。明确岗位职责的好处是：

- 有效地防止因职务重叠而发生的工作扯皮现象；
- 是对员工进行组织考核的依据；
- 提高员工的工作效率和工作质量；
- 规范员工的操作行为；
- 减少违章行为和违章事故的发生。

岗位说明书应该包含以下内容：

- 职位的基本信息，即工作标识，包括职位名称、所在部门、

直接上级、定员、部门编码、职位编码;

- 工作目标与职责,重点描述从事该职位的工作所要完成或达到的工作目标,以及该职位的主要职责权限等;
- 工作内容,此栏详细描述该职位所从事的具体的工作,应全面、详尽地写出完成工作目标所要做的每一项工作;
- 工作的时间特征,例如,在流水线上可能需要三班倒;在高科技企业中需要经常加班。
- 工作完成结果及建议考核标准,此项具体内容通常与该组织的考核制度结合起来;
- 教育背景,此项填写从事该职位目前应具有的最低学历要求;
- 工作经历,此项反映从事该职位之前,应具有的最起码的工作经验要求;
- 专业技能、证书与其他能力;
- 专门培训,反映从事该职位前应进行的基本的专业培训,不包括专业技能、与其他能力所列出的内容;
- 体能要求,对于体力劳动型的工作,这项非常重要。

2)招聘合适的员工

人员任用讲求的是人岗匹配,适岗适人。找到合适的人才并配置到合适的岗位,这样的招聘才有意义,才能算完成了一次有效的招聘。

在招聘员工之前,您需要考虑以下几点:

- 哪些岗位需要招聘员工?
- 这些岗位招聘的员工应该具备什么样的经验和技能?

- 招聘多少人？
- 给新招聘的员工支付多少工资？

在招聘员工过程中，我们都要对应聘者进行面试。面试中的提问很有技巧。高质量的提问，能帮助您发现人才，也能帮助您发现应聘者简历中的虚假信息，如虚假的工作经历等。

通常，我们会向应聘者提出如下问题：

请用1～2分钟做自我介绍。

您的籍贯、户口、档案问题。

你应聘的是哪个职位？你认为这个职位主要工作内容应该有哪些？

请形容一下你的性格特点。

说出你的优点和你的缺点。

你为什么应聘我们公司？为什么应聘这个职位？请说出你的优势。

你对工作的态度及职业发展预期（包括今后发展及薪金福利问题）。

让求职者对面试官自由提问。

思考题

您如何辨别求职者在面试中传递的虚假信息？

您如何辨别求职者在简历中传递的虚假信息？

3）培训与开发——帮助员工胜任工作并发掘员工的最大潜能

对于新进公司的员工来说，要尽快适应并胜任工作，除了自己努力学习，还需要公司提供帮助。对于在岗的员工来说，为了适应市场形势的变化带来的公司战略的调整，需要不断调整和提高自己的技能。基于这两个方面，组织有效培训，以最大限度开发员工的潜能变得非常必要。

就内容而言，培训工作有企业文化培训，规章制度培训，岗位技能培训以及管理技能开发培训。

培训工作必须做到具有针对性，要考虑不同受训者群体的具体需求。对于新进员工来说，培训工作能够帮助他们适应并胜任工作；对于在岗员工来说，培训能够帮助他们掌握岗位所需要的新技能，并帮助他们最大限度开发自己的潜能；而对于公司来说，培训工作会让企业工作顺利开展，业绩不断提高。培训与开发工作的重要性显而易见。

4）薪酬与福利——员工激励的最有效手段之一

薪酬与福利的作用有两点：

一是对员工过去业绩的肯定；

二是借助有效的薪资福利体系促进员工不断提高业绩。

一个有效的薪资福利体系必须具有公平性，保证外部公平、内部公平和岗位公平。外部公平会使得企业薪酬福利在市场上具有竞争力，内部公平需要体现薪酬的纵向区别，岗位公平则需要体现同岗位员工胜任能力的差距。

对过去业绩公平的肯定会让员工获得成就感，对未来薪资福利的承诺会激发员工不断提升业绩的热情。薪酬福利必须做到物质形式与非物质形式有机地结合，这样才能满足员工的不同需求，发挥员工的最大潜能。

5）绩效管理——不同的视角，不同的结局

绩效考核的目的在于借助一个有效的体系，通过对业绩的考核，肯定过去的业绩并期待未来绩效的不断提高。一个有效的绩效管理体系包括科学的考核指标，合理的考核标准，以及与考核结果相对应的薪资福利支付和奖惩措施。

6）员工关系——实现企业和员工的共赢

员工关系的处理在于以国家相关法规政策及公司规章制度为依据，在发生劳动关系之初，明确劳动者和用人单位的权利和义务，在合同期限之内，按照合同约定处理劳动者与用人单位之间权利和义务关系。

对于劳动者来说，需要借助劳动合同来确保自己的利益得到实现，同时对企业尽到应尽的义务。对于用人单位来说，劳动合同法规更多地在于规范其用工行为，维护劳动者的基本利益。但是另一方面也保障了用人单位的利益，包括对劳动者供职期限的约定，依据适用条款解雇不能胜任岗位工作的劳动者，以及合法规避劳动法规政策，为企业节约人力资本支出等。

总之，员工关系管理的目的在于明确双方权利和义务，为企业业务开展提供一个稳定和谐的环境，并通过公司战略目标的达成最终实现企业和员工的共赢！

第九章. 预测启动资金

重点内容提要

- 启动资金的类型

- 投资预测

- 流动资金预测

通过对前面章节内容的学习，您已经具备了选择创业项目的技能和市场营销的技能。并且，也学到了团队管理的基本技能。接下来的这两章，我们就要谈钱了。

我们在这一章里将首先学习如何确定开办企业需要多少启动资金。这里的启动资金，指的是为了新开企业，我们所需要投入的资金，比如厂房新建、办公室装修、绿化，以及相关配套设施、设备采购、货品资金等。

1. 启动资金的分类

启动资金用来支付办公场地、办公家具和设备、原材料和商铺库存、开业前广告和促销费用、工资以及水电费和通讯费等。

这些费用分为两类：

• 投资——指的是企业创办人购买的固定资产以及为开办企业而支出的一次性费用。固定资产，指企业为生产产品、提供劳务、出租或者经营管理而持有的、使用时间较长的，价值较大的非货币性资产，包括房屋、建筑物、机器、机械、运输工具以及其他与生产经营活动有关的设备、器具、工具等。一次性费用指开办费、前期市场调研费用、装修费等。企业不同，投资金额也会不同。有的企业只需要很少的投资就能开办，而有的企业却需要花费大量的投资才能启动。对于创业者来说，我们建议把投资额度降到最低，让自己和企业都减少风险。

• 流动资金——俗称为营业周转金，指企业全部的流动资产，包括现金、存货（材料、在制品及成品）、应收账款、有价证券、预付款等项目。以上项目皆属业务经营所必需。

2. 投资预测

开办企业前，一定要预算好自己的企业固定资产和支持一次性费用总共需要多少资金。

投资一般分为三类：

• 企业用地和建筑物（如造房、买房或者租房）

• 设备（包含车辆、工具、机器、工作设施、办公家具等）

- 一次性费用（如开办费、装修费、培训费、差率费、印刷费等）

3. 流动资金预测

企业一般会在开业运行一段时间后才会有销售收入。产品还没有销售之前，一定会提前取货。或者要花时间和费用进行促销。所以自己企业卖货后的货款还没有回来之前，我们还必须要准备一定数量的流动资金，用于支付以下开销：

- 购买并储存原材料和成品
- 促销
- 工资
- 租金（企业办公场地租金）
- 保险（商品保险、员工社保）
- 其他费用（如设计费、电费、办公用品费、交通费等）

作为创业人，必须要预测准确，在获得销售收入之前，你的企业能够支撑多久。一般而言，刚开始的时候销售并不顺利，因此，你的流动资金要计划富余一些。

成本与利润

1. 企业的成本构成

· 生产成本（制造成本）：主要是指为生产产品所使用的原辅物料、煤水电、机器折旧、工资、生产期间产生的废品损失；

· 企业的费用：指在生产经营期间发生的销售费用、管理费用、税费。

1）税收附加费

中国的税收制度共设有24种税，按照其性质和作用大致可以分为：

· 流转税类：包括增值税、消费税和营业税3种税。这些税种通常是在生产、流通或者服务中，按照纳税人取得的销售收入或者营业收入征收的。

· 所得税类：包括企业所得税（适用于国有企业、集体企业、私营企业、联营企业、股份制企业等各类内资企业）、外商投资企业和外国企业所得税、个人所得税等税。这些税种是按照生产、经营者取得的利润或者个人取得的收入征收的。

- 资源税类：包括资源税和城镇土地使用税两种税。这些税种是对从事资源开发或者使用城镇土地者征收的，可以体现国有资源的有偿使用，并对纳税人取得的资源级差收入进行调节。
- 特定目的税类：包括城市维护建设税、耕地占用税、固定资产投资方向调节税和土地增值税等税。这些税种是为了达到特定的目的，对特定对象进行调节而设置的。
- 财产税类：包括房产税、城市房地产税和遗产税（尚未立法开征）等税。
- 行为税类：包括车船使用税、车船使用牌照税、印花税、契税、证券交易税（尚未立法开征）、屠宰税和筵席税7种税。这些税种是对特定的行为征收的。
- 关税：这种税是对进出中国国境的货物、物品征收的。

初创企业主要涉及的税种有增值税、营业税、消费税、企业所得税、城市建设维护税、教育费附加、地方教育费附加等相关税种。

2）人力成本

工资，包括企业人员的工资、津贴、福利等。

3）管理成本

管理费用包括固定资产折旧费和修理费、业务活动费、物料消耗、待摊费用及递延费用的摊销、职工教育及工会经费、劳动保险及财产保险费用、研究开发费用以及坏账损失等。

2. 成本利润的计算公式

企业如何进行成本分析：

1）分析成本的步骤如下

要估算你的创业成本，你需要找出公司在创业阶段有可能需要消耗的所有费用，这样才能做到心中有数，掌控自如。有的费用是一次性的，比如注册费用；有的是必须支出的，但在一段时间内也是固定的，比如，办公场地费用、硬件设备费用等；而有的则是长期费用，如员工工资、员工福利保险、公关外事费用等。

当你把所有开支项目都罗列出来后，最好先评估一下它们是否是必需的开支。一家处于创业阶段的公司应该只把创建公司必须开支的费用列入预算中。那些必要的支出包括两方面：

- 固定支出
- 临时支出

固定支出包括租金、薪水、设备费用等。

临时支出包括仓库费用、运输费用和销售提成等。

最有效的方法就是将所有的支出费用都列在一张表上，根据各类支出项目的必要性来排序。然后慎重决定哪些费用是必需的，哪些可以暂时不列入预算，这样就可以估算出创业所需要的最低成本。

2015年某公司成本构成

3 ~ 6月公司成本：10.33万元

7 ~ 12月，共6个月

运营固定支出总成本

项　目	预算明细	合　计
人力成本	17400元×6	10.44万元
房租成本	3333元×6	2万元
电话	250元×4部×6	6000元
提成	107万×0.04	4.28万元
福利	400×10人（国庆、中秋、元旦）	4000元
车	1500元×6	9000元
合计	18.62万元	

单独项目支持预算

公开课（4次×50人×600元=12万）		
项　目	预算明细	合　计
推广、宣传	500元×4次	2000元
教室租用	2800元×4次	1.12万元
课酬	7000元×2天×4次	5.6万元
机票	2000元×4次	8000元
师资后勤	1000元×4次	4000元
课程备品	1000元×4次	4000元
课件	5元×200人	1000元
合计	8.62万	

内训（10次×1.5万=15万）

项　目	预算明细	合　计
课酬	5000元×10次	5万元
机票	2000元×10次	2万元
备品	500元×10次	5000元
师资后勤	800元×10次	8000元
合计	8.3万	

测评（500人次×100元=5万）

项　目	预算明细	合　计
推广宣传	1000元	1000元
软件费用	20000元	
合计	2.1万元	

销售人员培训（300元×2500人=75万）

项　目	预算明细	合　计
测评	40元×2500人	10万元
教室	40元×2500人	10万元
教材	5元×2500人	1.25万元
课酬	700×4=2800/50人=56元×2500	14万元
宣传推广	10元×2500人	2.5万元
合计	37.75万元	

单纯项目收支统计

项 目	销售额	成 本	利 润
公开课	12万元	8.62万元	3.38万元
测评	15万元	8.3万元	6.7万元
内训	5万元	2.1万元	2.9万元
销售人员	75万元	37.75万元	31.25万元
合计	107万元	56.77万元	50.23万元

公司总体收支统计

销售额	总成本	总利润	利润率
107万元	10.33+18.62+56.77=85.72万元	21.28万元	20%

2）分析产品研发与生产成本

进行产品研发与生产成本分析的目的在于帮助创业者改善成本管理，降低产品成本，从而提高企业的经济效益。因此，成本管理应从企业的成本分析开始，找出差距和问题所在，然后对企业成本的形成和成本管理的状况进行分析和评价。

根据我们预先得出的成本法则，回答以下问题：

A. 目前企业可以支配的流动资金数额；

B. 项目盈利时间有多久；

C. 未来一段时间内可以融到多少资金。

根据这种对比，基本上可以判断出我们的创业项目在一定时间内是否能够可持续发展。并且我们还能提前对将来的不利因素做风险预判，从而未雨绸缪，做好相应的应对措施。

3）企业成本水平分析

企业成本水平分析主要包括三方面内容：
- 企业总成本水平
- 各经营领域的成本水平
- 各经营领域中主要单位产品成本的水平

A. 企业总成本水平的分析

企业总成本水平分析，是把企业实际总成本和计划成本，与同行业的先进成本水平做比较，然后再对构成总成本的各要素进行分析，寻找主要的影响因素。进行分析的主要成本指标有企业产品总成本和可比产品成本降低额、降低率，影响因素的分析，通常可以从产品产量的变动、产品品种结构的变动、单位产品成本的变动三个因素来分析。

B. 各经营领域成本水平的分析

分析各战略经营领域的成本水平是确定其经营资本利润率的基础工作，是制定企业战略不可缺少的依据。

C. 主要产品单位成本分析

对于经营领域结构复杂、产品品种众多的企业，需要选择重点分析对象，比如，主要产品。

3. 与利润相关的计算公式

1）利润

利润＝收入—成本—税金及附加—销售费用—管理费用—财务费用—资产减值损失+公允价值变动收益
（—公允价值变动损失）+投资收益（—投资损失）

其中

收入是企业经营业务所确认的收入总额，包括主营业务收入和其他业务收入。

成本是企业经营业务所发生的实际成本总额，包括主营业务成本和其他业务成本。

资产减值损失是企业计提各项资产减值准备所形成的损失。

公允价值变动收益（或损失）是企业交易性金融资产等公允价值变动形成的应计入当期损益的利得（或损失）。

投资收益（或损失）是企业以各种方式对外投资所取得的收益（或发生的损失）。

2）利润总额

利润总额＝营业利润+营业外收入—营业外支出

其中

营业外收入是企业发生的与其日常活动无直接关系的各项利得。

营业外支出是企业发生的与其日常活动无直接关系的各项损失。

3）净利润

净利润＝利润总额—所得税费用

其中，所得税费用是企业确认的应从当期利润总额中扣除的所得税费用。

案例：

某餐饮公司的成本、费用以及利润的计算方法

关于餐饮成本、费用、利润的说明及计算公式：

一、基本概念：

1. 成本：对于餐饮企业可以简单理解为能够产生销售利润的食品及饮品，如各种菜品和酒水。（注：每月燃气费和员工餐记入成本内）

2. 费用：是指在我们经营中，日常支出的各类款项。

如：房租、水电费、人员工资提成、税金、低值易耗品、洗涤费、维修费、电话费、广告费、差旅费、学习费等；及其他不可预见临时发生的支出款项，如客人投诉赔款等。

3. 利润（纯利）：是指销售额减去成本和费用后的剩余部分。

4. 毛利：是指销售额减去成本部分后剩余部分。

例如：黄瓜1斤　进货价2元　　（成本）

销售价10元　　（销售额）

毛利＝销售额—进货成本

　　＝10元－2元＝8元

8元的利润当中还要负担部分采购、运输、加工、

服务等人员的工资和房租、水电等费用，累计这几项费用支出又减去7元，剩余部分才是利润或叫纯利润。

利润＝销售额—进货成本—费用支出

＝10元—2元—7元＝1元（为黄瓜销售的利润）

5. 流水、总成本、费用总额、利润（一般以月为单位计算）：

流水：是指某店一个月营业收入（餐厅酒水饮料的累计销售额和厨房各类食品的累计销售额的总和）。

总成本：是指某店一个总进货量（月餐厅酒水饮料的累计进货价和厨房各类食品累计的进货价的总和）。

费用总额（总费用）：是指某店一个月如前面基本概念当中的"费用"中所提到的各项费用实际发生数据的总和。

6. 毛利、利润、毛利率、利润率、成本率的计算公式：

毛利＝流水—总成本

利润＝流水—总成本—费用总额

成本率＝（本月成本＋上月库存—本月库存）÷流水×100%

利润率＝利润÷流水×100%

毛利率＝毛利÷流水×100%

二、我们应关注的数据：

1. 酒吧的成本：

尽可能减少原材料的浪费，例如鲜水果应最大程度地去利用，甚至合理地使用下脚料，在成本没有增加的情况下创造更多利润。例如一个西瓜切完下脚料后共出10杯果汁，下脚料少出点儿，果汁出成为12杯。西瓜进价20元/个，西瓜汁18元/杯，出成多两杯，成本不变，收入增加36元，利润就更大，以此类推。

2. 低值易耗品：

销售流水不变，我们对低值易耗品的控制越好，例如：每月餐巾纸、洗涤灵、各种笔记本、笔、打包袋、洗手液、手纸等物品的用量越少，每月费用支出越少，利润就更大。

3. 员工工资：

人员工资在经营费用中占很大一块，例如：1200元/人/月×400人/店＝480000元/店。只有很好地控制工资数，才能有更多的利润空间。那我们应如何控制呢？首先用工人数应合理，不能有闲散人员；其次整合各班次各岗位人员，不能有重复性工作安排；再次充分调动员工热情，发挥大家的作用，增加个人劳动量，4个人干的活3个人甚至2个人也能干，也可节约出人员；最后充分发挥低工资人员的作用。总之真正理解每月以计算员工工作量来评定工资级别的意义，合理安排员工。

三、开源节流：不能因为盲目节流，而影响开源。

1. 上述问题都是强调在经营中如何节约（节流），以创造更多利润，而在经营中如何开发新的思路，获取更多，更合理的利润同样重要。例如：低成本高利润的菜品和饮品的推销：我们各类制作饮品的成本相当低。玉米汁成本1.2元/杯售价18元/杯、柠檬蜜成本0.9元/杯售价10元/杯、木瓜汁成本1.3元/杯售价18元/杯。例如：可乐成本1.66元/听售价6元/听。一目了然，相比以前我们只卖包装酒水的成本降低了很多，而利润空间却更大了。

2. 餐巾纸我们每月消耗很大，公司各店每月共要消耗22000元。如果单为了节省费用，不提供餐巾纸给客人，相信不久后客人不会为此增加，只会减少，因为客人会觉得极不方便，甚至会想我们太算计，菜品酒水价格肯定特黑。

4. 创业者必须看懂这"三张表"

在市场经济条件下，会计报表是投资者、债权人和经营者等会计报表使用者正确做出投资、经营管理决策的重要依据。要创业成功，创业人应当懂得财务管理的基本常识，应当看懂这"三张表"，必须根据"三张表"提供的财务信息为管理服务，否则，其决策将是"以其昏昏，使人昭昭"的。企业对外报送的会计报表主要是3张表，即

- 资产负债表
- 现金流量表
- 利润表

1）怎样看懂资产负债表

资产负债表是反映企业某一特定日期(月末、年末)全部资产、负债和所有者权益情况的会计报表。其基本结构是"资产＝负债＋所有者权益"。左边反映企业所拥有的全部资源；右边反映这些资源的来源渠道，包括债权人的投入、所有者的投入，或者不同

权利人对企业资源的要求权。

资产负债表采用账户式。每个项目又分为"期末余额"和"年初余额"两栏分别填列。采用企业会计准则的非金融企业的资产负债表格式如下：

表7　资产负债表示范

会企01表

编制单位：××有限公司　　　20××年×月×日　　　单位：元

资产	期末余额	年初余额	负债和所有者权益（或股东权益）	期末余额	年初余额
流动资产：			流动负债：		
……	……	……	……	……	……
资产总计			负债和所有者权益（或股东权益）总计		

按规定，债权人对企业的全部资源有要求权，企业应以全部资产对债权人承担偿付责任。偿付完全部负债之后，余下的才是所有者权益，即企业资产净额。利用资产负债表的资料，可以看出公司资产的分布状态、负债和所有者权益的构成情况，据以评价公司资金营运和财务结构是否正常、合理。分析公司的流动性或变现能力，了解长短期债务数量及偿债能力，评价公司承担风险的能力。

2）怎样看懂现金流量表

现金流量表是反映企业现金流入与流出信息的会计报表。这里的"现金"指的是广义现金。它不仅指企业在财会部门保险柜里的现钞，还包括银行存款、短期（3个月以内）证券投资、其他货币资金。现金流量表可以反映企业经营活动、投资活动和筹资活动所产生的现金收支活动，以及现金流量净增减情况，从而有助于分析企业的变现和支付能力，把握企业的生存和发展能力等。

3）怎样看懂利润表

利润表依据"收入—费用＝利润"的平衡公式来编制，主要反映企业一定时期内营业收入减去营业支出之后的净收益。

利润表的内容包括两个方面：

一是反映企业的收入和费用，说明企业在一定时期内实现的利润或发生的亏损，据以分析企业的经济效益及盈利能力，评价企业的管理业绩；

二是反映企业的财务成果，说明企业各种利润来源在利润总额中所占的比例，以及这些来源之间的相互关系。

分析利润表主要从两方面入手。

分析利润表时，要与企业的财务情况说明书联系起来。

它主要说明企业的生产经营状况、利润实现和分配情况、应收账款和存货周转情况、各项财产物资变动情况、税金的缴纳情况、预计下一会计期间对企业财务状况变动有重大影响的事项。

第十一章　缺钱了，怎么办

重点内容提要

- 创业人不应该节省的费用
- 创业人可以节省的费用
- 解决"钱不够"的几种方式

在创业过程中遇到的最大困难应该就是资金缺口了，一旦资金充足，其他任何困难那都不是困难。然而，创业过程中资金缺口较大，我们应该怎么办呢？企业没有周转资金，整个企业运转都会困难，如果资金断流，企业甚至会倒闭。那么怎么来解决这个资金缺口的难题呢？

1. 不建议节省的费用

作为创始企业，在运作初期都要把资金尽量节省，使每一分钱都用在急需的地方。用在急需的地方也才能给企业创造收益或者预期的收益。前面说过，不能创造收益的资金尽量少花或者不花。

看看创始企业必须花费资金的地方有哪些？根据创业成功者总结的经验，分别如下：

第一条：市场调研的费用。

创始人或者合伙人有了某个好点子后，不要急于行动。要在创始人带动下开展细致的市场调查。如计划在某大型小区开一家火锅店，创始人在确定门面前就要对小区住户做一个详细的统计，该小区属于富人层级还是较富有层级或者安置房之类的，他们的消费层次如何？这可以与物业公司保安吹牛聊天就可以了解个大概，或者在小区门口蹲点几个早晨和下班时间，大脑里就会有一些清晰的印象，这个店开得还是开不得？然后根据细致调查的市场情况做一份商业计划书，再一次加深印象，把整个创业运作的过程详细地写在纸上。一份好的商业计划书能够为创业成功打下坚实的基础。

因此，在创业初期，市场调研的费用千万不要省。

第二条：会计师的费用。

会计师的作用不说大家也应该明白。有一个好的会计师，可以让创业初期的各种费用开支一目了然，也让创始人可以清晰地看到哪些费用该花哪些费用不该花。如果这个费用都节省了，只能说创业初期的账目绝对是一团乱麻，理还乱，别有一番滋味在心头。

第三条：请那些重要的人物吃午餐。

建立好自己的人脉关系，利用中午的时间，邀请各色有帮助的人物吃午餐。费用不大，带给您的却是不一样的收获。

第四条：法律咨询服务。

创业不能逾越法律的底线，我们只能在法律规定的框架下开展创业活动。必要的法律咨询会给企业带来稳固的发展，避免让企业招致灭顶的灾难。

第五条：税务知识学习。

这一条相当重要，只有在掌握了国家税务的相关知识后，作为创始人也才能尽量在不违法的情况下合理避税，合法经营。

第六条：客户服务。

初创企业，产品或者项目刚开始运作，刚刚进入市场同消费者或者大客户见面，这个时候，客户服务就显得相当重要。这个费用坚决不能省，对消费者或者大客户服务好，就是对企业的发展负责。

第七条：营销和品牌打造。

这个的重要性应该不言自明，如果打造品牌和营销的费用都节省了，企业还谈什么发展？

第八条：公关外包。

刚创始的企业，一些比较耗时耗力的公共关系或者其他需要应酬的对企业还看不到预期收益的却又不得不做的，可以外包给在某些领域手眼通天的部分社会灵活人士去操作。我们支付一部分费用，从而节约时间来做我们自己的事情。

第九条：技术支持。

技术支持的费用是不能节省的，我在此也不再阐述了。我只想说，每一家企业都是与众不同的，在不同时期有不同需求。这就是创业者身旁需要有人不断敲打，帮助创业者做出明智的决策的原因所在。只有把钱花在真正需要的事情上，创业者的企业才有望获得长期的发展和成功。

2. 这些钱，创业之初可以暂时不花

说了九条创始企业必须该花的钱，然后我再来说说十大可以避免的花费。创始人常常误入歧途，把钱花在一些无关紧要的事情上。实际上有些开销是可以节省的。看看这十条可以节省的费用。

第一条：昂贵的软件服务。

很多时候项目管理等软件服务都有更便宜或者免费的替代品，平时使用这些更便宜的或者免费的替代品已经足够了，除非您自己确定需要哪些只有付费才能使用的软件功能。

第二条：昂贵的服饰。

别为了无谓的面子弄得自己破产。穿着打扮显得职业是很重要，但如果您足够精明，穿一些精挑细选的地摊货也能达到同样的效果。

第三条：高档办公室。

人人都想拥有一间豪华的办公室。但打造这样的一个华丽空间就得不停地往里砸钱，所以，先把精力放到业务上，豪华办公室可以暂缓。

第四条：高档装备。

记住，只买那些真正需要的而且还是"价廉物美"的"劳动工具"。没必要在初期都把自己弄得像土豪一样，业务没起来这能长久吗？

第五条：还没准备好就急着招兵买马。

作为创始人，看着员工团队不断壮大，自然是一件很开心很有成就感的事情。但如果您的业务没有起色，基础不牢固，急于招来那么多员工队伍对初创企业没有更多的好处，只是在烧钱而

已。只有在招聘员工符合成本效益原则时，再招聘也不迟。

第六条：奢华的商务派对或者旅行。

初创公司如此花钱也是醉了。不仅不能为企业带来预期的收益，反而让企业走在崩溃的边缘。这也是一种败家子的标志。

第七条：无法量化产出的拓展业务。

不管是公关，营销还是品牌推广，如果不能准确衡量效果，就要暂缓执行，在一切都准备充分的情况下，可以预见到效益时再推广。创业初期手头资金都比较紧张，我们就要用在刀口上，花在那些能够促进企业发展的事情上。

第八条：买粉丝、电邮推广或者其他所谓的客户获取手段。

互联网时代，买粉丝、电邮推广或者其他获取客户的手段都是诓人的玩意或者是不可持续的。初创企业本来就没多少钱，还拿去花在这些根本就不可能产生效益或者不能持续产生效益的事情上，只能说创始人太好忽悠了。

第九条：高昂的物流或印刷开支。

印刷带些商标的信签和一些便宜的名片是必要的。但是如果刚起步就在印刷或物流上花大钱搞一堆华而不实的纸质宣传品就是败家。记住，我们的第一目标是满足客户的需求，而不是给他们提供可以转手扔进垃圾桶的漂亮信笺和显眼的宣传单页。

第十条：还不确定能否赚钱时就开始花大钱。

除非您背后有大财团支撑，否则还是量入为出吧。

3. 解决"钱不够"的几种方式

我们作为创始人明白了哪些钱该花哪些钱不该花，尽管我们节约了又节约，还是感觉到资金有缺口，而资金缺口对创始企业来说不是一件好事，甚至会有企业倒闭的风险。

那么我们怎么来解决这个缺钱的问题呢？我们可以通过如下几种方式来解决：

- 借钱
- 贷款
- 股权融资

1）借、贷、股权融资的不同：

借，就是我们通俗说的借钱，有还款期，有的借款无利息，有的借款只是象征性的少许利息。不论创业成功与否，借款人都应该按照约定还款。在这三种融资形式中，借钱是成本最低廉且最没有风险的解决企业资金短缺的有效方式。

贷款是融资的一种。最简单地说，贷款是间接融资，由贷款人向放贷方借钱，您付给放贷方利息。这里的放贷方，更多的是银行。在申请贷款过程中，您需要按照放贷方的要求提供形式不一的担保，且无论创业成功与否，您均须按时归还贷款且须支付贷款利息。

股权融资是指企业的股东愿意让出部分企业所有权，通过企业增资的方式引进新的股东的融资方式。股权融资所获得的资金，企业无须还本付息，但新股东将与老股东同样分享企业的赢利与增长。用股权融资的方式解决企业资金短缺的方式，风险低，没有利息成本，这笔钱不用归还，但是您将会失去部分股权。

2）在什么情况下创业公司会选择股权融资（VC/PE/IPO等），什么情况下会选择贷款？

先从创业公司的角度来看一下两者的不同：

股权融资，公司付出的是股份，对应的是现有股东对公司控制力下降，同时未来公司成长的部分收益被让渡给了投资人。好处是公司通过股权融资得到的钱理论上是不需要偿还的，就算亏光了您也不用担心。

> 某普通公司A，发展需要用钱，于是拿出20%的股份向VC融资得到100万。第一年扩大产能盈利50万，分给VC10万；第二年扩大产能盈利200万，分给VC40万；第三年公司内斗，VC联合第二大股东投票卖了公司分走400万，创始人失去公司。整个过程，VC共拿走400万+40万+10万—100万=350万。
>
> 某创业公司B，发展需要用钱，于是拿出20%的股份向VC融资得到100万。第一年烧钱100万，号称获得用户500万，再拿出20%股份融资200万；第二年刚扩大规模就喜闻竞争对手"微信加入新功能"，烧完200万，公司关门。整个过程，VC共亏损300万元。

债权融资，公司付出的是利息，需要考虑的东西非常直接：公司借钱赚到的收益能不能超过贷款的利息？

从资本运营的角度看问题又不一样了：

VC投资看的是一段时间的收支整体情况，给100家公司每家投一笔，虽然亏了99家，但是剩下一家是Facebook，增长了

10000倍，还是可以狂赚一笔。所以VC把钱给您主要看您企业未来的想象空间有多大。

银行的收益是固定的，只要您还得起，借给中石油还是借给大学里做Facebook网站的扎克伯格能拿回来的钱一样多，所以银行看的是坏账率，每笔坏账都会有人要承担责任。银行最看重的其实是您的稳定盈利能力，什么叫稳定，请用过往业绩说明。新成立的创业公司基本上没有过往业绩，于是银行基本不可能借钱给新成立的创业公司。

综上所述，结论是：公司在确信融来的资金创造的收益可以超过贷款利息（而且银行也相信您）的情况下，应该向银行贷款，贷得越多赚得越多。其他情况下，做股权融资。

3）寻找风险投资

创业者要把企业快速发展壮大，就离不开天使投资。在风险投资领域，"天使"这个词指的是企业家的第一批投资人，这些投资人在公司产品和业务成型之前就把资金投入进来。天使投资人通常是创业企业家的朋友、亲戚或商业伙伴，由于他们对该企业家的能力和创意深信不疑，因而愿意在业务远未开展进来之前就向该企业家投入资金，一笔典型的天使投资往往只是区区几十万元，是风险资本家随后可能投入资金的零头。

通常天使投资对回报的期望值并不是很高，但10到20倍的回报才足够吸引他们，这是因为，他们决定出手投资时，往往在一个行业同时投资10个项目，最终只有一两个项目可能获得成功，只有用这种方式，天使投资人才能分担风险。

其特征如下：

①天使投资的金额一般较小，而且是一次性投入，它对风险企业的审查不是很严格。它更多的是基于投资人的主观判断或者是由个人的好恶所决定的。通常天使投资是由一个人投资，并且是见好就收。是个体或者小型的商业行为。

②很多天使投资人本身是企业家，了解创业者面对的难处。天使投资人是初创公司的最佳融资对象。

③他们不一定是百万富翁或高收入人士。天使投资人可能是您的邻居、家庭成员、朋友、公司伙伴、供货商或任何愿意投资公司的人士。

④天使投资人不但可以带来资金，同时也带来联系网络。如果他们是知名人士，也可提高公司的信誉。

天使投资往往是一种参与性投资，也被称为增值型投资。投资后，天使投资家往往积极参与被投企业战略决策和战略设计；为被投企业提供咨询服务；帮助被投企业招聘管理人员；协助公关；设计退出渠道和组织企业退出等等。然而，不同的天使投资家对于投资后管理的态度不同。一些天使投资及积极参与投资后管理，而另一些天使投资家则不然。

如何寻找天使投资人？
- 扩大自己的社交圈子
- 使自己变强
- 做一份能吸引投资人的商业计划书
- 创业项目路演

A. 扩大自己的社交圈子
有名的投资人每天求他们投资的创业者不计其数，靠一般方法联系成功的概率估计不如买彩票。记得雷军自己也说过，除了熟人和熟人的熟人基本不考虑。所以要想和这些投资人搭上线，就要想办法挤进他们的圈子。多社交，多认识人，多参加活动，这样才有可能缩短和这些投资人的距离，进入他们的视野。其实有的时候他们离您并不遥远，常常您会发现只要认识一两个"对"的人就能连上了。

B. 使自己变强

其实投资人看人多过看项目本身。如果您的背景够抢眼，即使他们对您现在的项目不感兴趣，也有可能会给您机会一试，或者起码会记住您这个人，以后再合作。所以充实自己的履历很重要。比如多做做小的项目，想办法多参与其他的创投项目，商业策划大赛，孵化器项目等等，让自己变得强壮起来。

C. 做一份精美而标准的吸引投资人的商业计划书

把自己创业的想法说出来。首先，不管用什么办法把您的idea做出来形成策划书，并且让这个产品有收入，无论多少，亏本也没事。其次、不要找您不认识的名人，找身边您认识的有钱人。

D. 创业项目路演

a. 简要介绍您的项目。

按照这个格式：谁在什么情形下使用了您的什么产品可以解决他什么样的困难。也就是填四个空：_____在_____情形下使用了您的_____，可以解决他_____的困难。填好之后，这句话不要超过100字。比如：西南国际枪友俱乐部在场地施工阶段使用了卓马众筹平台可以解决资金短缺、客户短缺的困难。

填空的时候要注意一个原则：说具体。创业新人一个常见的通病就是对所有的描述都是笼统的模糊的，比如"我的产品是个特别先进的系统，他能够帮助所有需要帮助的人"。这种话说出来跟没说一样，投资人也听不明白。

b．强化您的商业模式逻辑性

商业模式主要在回答这么几个问题：

a）用户为什么要买您的产品/服务？

b）为什么不买其他人的？

c）您怎么向用户收费？

d）您融到的资金和您为了融资而付出的成本谁高（当然必须是盈利比成本高，但是您得证明这事儿）？

在自己设计的商业模式逻辑体系里不能有矛盾之处。

比如有个团队跟我说：我要做一个家装的平台，让装修业主在平台上直接找到装修工人，省去装修公司的中间费用。这是个好想法，我问他：那您怎么控制质量呢？他说：先干活后给钱，如果这个工人做得不好，业主就不给他结账。我说那要这样的话，哪个工人敢用您的平台啊，白装修不给结账。

其实，如果他说"我们采用类似淘宝信用评分的方法来标出装修工人的质量、信誉"就会好很多，虽然实际上标示信用是不是管事儿我也不清楚，但是至少有淘宝、嘀嘀打车这样的产品经验摆在那里，让投资人会多一些放心。

c．展示您未来的成长性

天使投资不是投您的现在，而是投您的未来。您现在可能不盈利，但是您要证明您未来能够高额的盈利，这基于您的商业模式。所以，把您的商业模式做好，然后基于这个模式，提出一个合理的未来盈利计划。

4）不要为了融资，丢了公司的控制权

创始企业缺钱，作为创始人就要寻找各种融资方式来解决缺钱的问题。通过借款，找银行贷款，以及天使投资来弥补资金的缺口。

在找钱融资的同时，一定把握一个度，那就是对企业的控制权不能丧失。如京东商城刘强东，尽管京东商城还是处于亏损局面，但这不影响他一次次的融资，每一次融资都没有影响他的控股地位。这保证了企业的持续健康长久的发展。

第十二章 选择企业的法律形态

创业期间的风险很多，包括资金风险、市场风险、人员风险等等，其中最容易被忽视但又最无情的就是法律风险。大家可以把法律简单地理解为国家为企业制定的"游戏规则"，大家遵守"游戏规则"去做，也许会成功，也许会失败，但如果不遵守"游戏规则"去经营，那么等待大家的唯一结果就是直接出局。

那么，我们在创业时会遇到哪些常见的法律呢？根据创业成功者的经验，我们归纳了创业前四个阶段需要了解的法律。

1. 创业前期：选择适合自己的企业法律形式

成立公司或企业是创业者不可避免的一个步骤，成立公司还是企业，成立什么形式的公司或企业是创业者必须面对的选择。选择适合自己的企业法律形式，是你需要在创业早期做的重要决策之一，要明确每种企业法律形式的内容和风险是什么，也就是你选择了某种企业形式后，要承担的法律责任有多大。

在我国现行法律下，有五种典型法律形式：

- 个人独资企业

- 个体工商户
- 合伙企业
- 有限责任公司
- 股份有限公司

由于股份有限公司对注册资本要求较高，且需经批准，故微、小企业一般不采用。从工商部门统计的数据来看，个人独资企业、个体工商户、合伙企业、有限责任公司这四种法律形式是我国当前创业新企业最常见的法律形式。下表列出了四种企业法律形式的区别：

表8 四种企业法律形式的比较

企业法律形态	投资人数	出资	风险责任	优点
个体工商户	1人	可以无固定场所	以个人或家庭财产承担无限责任	灵活、集权、成本最低
个人独资企业	1人	必须要有固定场所	以个人或家庭财产承担无限责任	灵活、集权
合伙企业	2人以上	无资本数量的限制	以合伙人的个人财产承担无限责任	合伙人优势互补
有限责任公司制度	2—50人	注册时需认缴出资	以出资为限承担有限责任	企业有法人资格

个体工商户

个体工商户是比较常见的一种商业经营模式，指生产资料属于私人所有，主要以个人劳动为基础，劳动所得归个体劳动者自己支配的一种经济形式。特点是投资少、规模小、经营方式和经营地点灵活，可以由单创业者个人独自经营，也可以由夫妻、父母子女、兄弟姐妹共同经营。个体工商户是企业的雏形，还不是真正意义上的企业。需要注意的是由于个体工商户对债务负无限责任，所以个体工商户也不具备法人资格。

个人独资企业

个人独资企业是指依照《个人独资企业法》在中国境内设立，由一个自然人投资，全部资产为投资人个人所有，投资人以其个人（或者家庭）财产对企业债务承担无限责任的经营实体。其特点与个体户有很多共同之处，比如投资小、规模小、经营方式灵活等，法律上也没有出资额的限制，只要有自己的名称、经营场所、一定的资金就可以申请设立。个体独资企业对债务负无限责任，所以个体独资企业同样不具备法人资格。

合伙企业

合伙企业是指在中国境内设立的，由各合伙人订立合伙协议、共同出资、合伙经营、共享收益、共担风险，并对合伙企业债务承担无限连带责任的营利性组织。合伙人没有数额的上限，理论上100人都可以，但实际生活中，合伙人一般都是3人或5人，基本都在10人以内。合伙人之间优势互补，以合伙人之间的协议和承诺为合作的基础，在资金、专业技术、经营管理等方面合作，共同创业。合伙企业合伙人对债务负无限连带责任，所以合伙企业也不具备法人资格。

有限责任公司

有限责任公司是指在中国境内设立的，一个或两个以上股东共同出资，每个股东以其所认缴的出资额承担有限责任，公司以其全部资产对其债务承担责任的法人公司。在当下中国，公司企业是最为理想的一种企业模式，股东有权参加公司的经验管理并享有收益，股东个人无权私自转让公司的股权，故公司的资合性和稳定性都获得了法律上的保障。

前面提到的四种法律形式，有的是对债务负无限责任，有的是无限连带责任，还有的是有限责任。下表对着三种责任进行了简单的阐述：

表9　三种法律形态企业的法律责任类型

	含　义	注　意
无限责任	投资人用自己的全部财产来承担债务	有多少个人财产就承担多少债务
无限连带责任	投资人除承担企业债务分到自己名下的份额外，还需对企业其他投资人名下的债务份额承担连带性义务	其他合伙人无力偿还其名下的企业债务份额时，自己有义务代其偿还债务份额
有限责任	公司用公司的所有财产承担公司的债务	除了自己投给公司的财产外，自己未投的个人财产不需用于偿还公司债务

从前面两张的表格不难看出，从长远发展和风险控制的角度来看，有限责任公司是值得推荐的形式，这也是市场创业者创办企业采用最多的一种模式。企业如果经营不善发生的亏损，只需要用公司的资金进行抵债就可以，不会牵连到创业者的家庭财产。当然公司制也有对微、小企业来说不利的一面，就是公司的税种较多，手续较多，建立公司的前期成本要略高一些。公司的设立和运营必须以《公司法》为基本框架，采用公司制度的创业者有必要研习一下这部法律。

从控制权集中的角度来选择，个人独资企业和个体工商户是比较理想的模式。采取这两种法律形式的创业者既是决策者，也是执行者，对于经营什么项目、如何经营、在何处经营有着完全的自主权。一般而言，个人独资企业会有自己的员工，企业规模也会比个体工商户大，企业实力也较强一些，是个体工商户经营发展到一定规模的情况下，考虑采取的经营模式。个体工商户不是个人独资企业经营的必经阶段，法律上没有这样的规定，创业者也可以直接设立个人独资企业。个人独资企业的设立和运营必须遵守《个人独资企业法》，个体工商户必须遵守《个体工商户管理条例》，请有需要的创业者自行研习。

从企业创建的成本而言，个体工商户和合伙企业都是不错的选择。个体工商户对成本的要求最低，可以不设固定的经营场所，流动设摊都是可以的，这可以将微、小企业的创业成本降到最低，经营灵活性提到最高。生活中，也不乏个体经营成功的案例，比如伤心凉粉、小谭豆花，还有川渝人家初创阶段，也曾经采取了个体经营的模式。合伙企业的出资形式灵活，可以用货币、实物、知识产权、土地使用权或者其他财产权利出资，也可以用劳务出资，最大限度地体现了创业者的优势互补。但合伙企业涉及的法律问题也比较复杂，除了对外会发生各种交易以外，合伙人内部也会有内部分工、入伙、退伙等法律问题。《合伙企业法》是合伙企业在设立和运营中必须遵守执行的法律。创业者如果是和志同道合的朋友一起创业的，可以考虑设立合伙企业。合伙企业相对个人独资企业而言，实力更强一些、抗风险能力更强。

四类企业形态在承担创业风险、初始资金需求、把握企业控制权、融资力度等方面各有利弊，不能说哪一种最好，只能从自己对企业的预期来选择最匹配的。创业者在创业初期就需要根据自己对企业的构想来选择与自己的企业梦想切合的企业法律形式。

2. 创业筹备期：创业筹备时的常见风险和法律

我们在创业初期务必认清法律的重要性，考虑到很多创业者在创业初期各类资源紧张，但应至少和一位具备专业法律知识的法务人员或律师保持长期沟通和交流，或者自己学习一些基础的法律知识，待资金宽裕的时候再设立专门的法务部门或聘请法律顾问。

合伙人风险

在核心团队构建的创业初期，已经开始需要法律的介入。我们要考虑对自己的创业伙伴做尽职调查，看看创业伙伴是否存在未了结的债务，或者咨询律师如何在协议中约定受让的股权未设立任何第三者权益，以保证创业企业股权的稳定，避免"被自己人给坑了"。如果你的创业者是在校同学，那么他出现大额未了解债务的风险不高，但如果只是和你志同道合的朋友，尤其是投资方，那么一定要重视此类问题。

案例：

> 小王跟小张一起创业，开办一家贸易公司，小张投资50万元人民币，占贸易公司50%的股权，此时公司股权五五分。贸易公司发展也很好，看上去两个合伙人合作也非常愉快。突然，小张的债权人找到了小王，说小张的股权其实早就已经质押给了我，现在小张还不起钱了，你把公司给我吧。

租赁风险和合同风险

在准备固定经营场所的创业初期，我们要注意两个常见风险：房屋租赁的风险和合同风险。除了个体工商户之外，其余的企业法律形式都要求企业注册必须有固定的经营场所和基本的生产经营设备。创业者在租赁商铺或办公场所时，一定要注意审查房东的权限。如果是原房东，要问清楚原房东有没有和管理公司等签订委托租赁的协议，并在合同中注明；如果是"二房东"，要审查其和原房东之间租赁协议，看其是否有转租权，并在合同中约定好违约金和赔偿金。在筹备商铺或办公场所时，可能会签订设备的买卖合同或者装修装饰合同，大家要了解一些《合同法》的知识，对合同的风险灭失、违约责任、产品质量责任、付款方式等进行审查，避免对方合同违约或者合同履行不完备给我们造成巨大的损失。

案例：

小张和小明刚准备在一学校门口开一家冰激凌店。为此他们东拼西借凑了几万元，在校门口租了一家铺子，现在正在装修，准备入夏前装修完毕投入使用。正在小张和小明满怀希望，憧憬未来的时候，一个自称原房东的人出现，说跟他们签约的人是"二房东"，这个铺子不允许转租，拿了一把锁把正在装修的铺子锁上了。小张和小明多方奔走，最后创业也不了了之。

3．创业起步期：企业创立时的法律

企业法、公司法

新生儿出生，我们需要给他"上户口"，初创企业作为我们创业梦想的新生儿，诞生到这个市场第一步，也要"上户口"。

"给企业上户"的意思就是进行企业注册，不同的企业形态，注册的要求也不一样。新《公司法》出台之后，取消了设置公司的最低资金要求，使"一元公司"的存在从理论上和制度上找到了依据，但因为企业生产经营使需要场地和设备的，创办"一元公司"从实际上看是不现实的。只有注册成功的企业，才有经营的合法资格，才能受到法律的认可和保护。

给企业注册的之前，要给你的企业想一个响亮又吉利的名称，然后去工商局上网（工商局内部网）核名，如果没有重名，就可以使用这个名称了。有了名字和场地之后，就可以去工商行政部门登记注册了。几种企业形态中，个体工商户的注册最为简单快捷，公司的注册最为复杂，共同点是它们都是要到工商部门进行登记注册，具体规定和文件以各地的工商部门规定为准。

财经法类

提醒大家注意的是，企业注册之后，我们就要开始记账和交税了。刚开始成立的企业，业务少，对会计的工作量也非常小，你可以请一个兼职会计，每个月到你的企业帮你建账，两三天时间就够了。贸易型企业，按所开发票额的3%征收增值税；服务型企业，按所开发票额的5%征收营业税所得税：企业的纯利润，还需要征收18%～33%的企业所得税。对企业所得税而言，会计记账很关键，如果账面上企业的利润很多，那么税率就高。请一个好的代账会计也是比较重要的。关于记账要求和税收的具体法律法规参见《会计法》、《税法》等财经法类。

4. 创业稳定期：企业经营时的法律

合同法

我们的企业经营起来后，伴随着一个又一个合同的成交，企业持续发展，订单越来越多时，不要忽视了合同的风险，请大家利用空余时间研习一下《合同法》，学习一些常见合同纠纷的预防和处理。

合同的风险多种多样，就微、小企业而言，常见的是三类，一是供货合同纠纷，如果订货方的货品我们不能按时按质量完成并交货，创业者究竟要承担怎样的赔偿，注意约定违约金要在能力承担范围内，避免给企业致命的打击；二是运输合同纠纷，如果货物在运输送货过程中出现损耗、灭失等意外，这个风险究竟由哪方承担，承担的比例是多少，这都需要事前约定清晰；三是原材料采购合同纠纷，在购买原材料时，要对原材料的质量作出具体的约定，避免对方以次充好，影响日后的销售和企业的信誉。合同纠纷五花八门，我们把握跟创业企业相关的几类自行学习一下，在创业初期也就可以了。

劳动法类

不少创业者的创业，迫于资金压力，多采用作坊的形式起步，开一个工作室，自己上阵或者几个合伙人一起上阵干活。随着企业的扩大生产，自己干活或者几个合伙人一起干活已经不能满足企业发展的需要了，这时我们就要去人才市场请员工。请员工要用到《劳动法》和《劳动合同法》的知识，创业者要熟悉这些法律，避免日后产生劳资纠纷。

员工分劳动关系和劳务关系两种，劳务关系的员工可以不签合同，不买社保；劳动关系的员工，必须签订合同，购买社保，享受休息休假等权利。关于劳动合同，有许多创业者认为，一旦跟劳动者签订了书面的劳动合同，就会把企业捆死，似乎就要对员工承担终生的责任。其实，这是非常错误的观念，因为签订书面的劳动合同其实更多的是对初创企业的保护。如果企业方对劳动者不满意，在签订了书面的劳动合同的情况下，可以根据企业的规章管理制度和合同的约定，与员工合法解除劳动关系；如果没签书面劳动合同，一旦员工对企业不满，去劳动仲裁中心控告企业，我们很可能就要对劳动者承担双倍工资的补偿，这样的官司几乎全部是判决企业败诉的。没有为员工购买社会保险，导致与员工发生法律纠纷，结果也是一样，企业几乎全部败诉。其实社会保险也不是完全对公司不利，至少在发生工伤事故时，可以对公司形成保护。

其他法律

在企业经营过程中，一定要紧抓质量关，不仅因为"质量是产品的生命线"，还因为企业产品、服务、经营场所的缺陷以及员工行为而给他人造成的财产和人身侵害，我们都要为其承担的法律责任风险，从事生产贸易型初创企业的创业者，有空可以看一看《产品质量法》、《侵权责任法》等法规，了解一些关于产品和服务的法律规定。

　　在企业创办和经营的过程中，用到法律的地方实在是太多了，作为微、小企业的创业者，暂时不必了解有关法律的所有内容，只要重点把握和企业创办过程紧密相关的法律风险和基本法律就可以了。

第十三章 初创企业，要与互联网接吻

重点内容提要

· 创业人的互联网思维

· 创业人的微营销

· 自媒体

　　毋庸置疑，我们现在已经迎来了互联网时代。互联网和移动互联网已经成了我们工作和生活中必不可缺的重要力量。互联网和移动互联网改变了我们的生活方式，改变了我们的工作方式，甚至改变了我们思考问题和解决问题的方式。创业，如果不与互联网或者移动互联网接轨，不利用互联网这个工具，你的企业基本上就会被淘汰。或者，虽然不具备互联网思维，只是把互联网和移动互联网作为一个企业运营的工具，你的企业不一定会被马上淘汰，但基本上不会做大，也不会做强。

　　互联网是什么？互联网首先是一个国家社会经济发展的基础设施。在这个基础上，互利网产生了海量的数据。互联网能改变任何行业的原因在于，它能改变时空，将你的数据传送到世界各地，所以数据才是互联网的核心，才是最重要的生产资料。互联网从产生的第一天起，就决定了数据的价值。数据不是天然就有价值的，就像路上有一串脚印，没有数字化，没有被计算，是不产生价值的，但你在网上的"足迹"，被计算后就变得有价值了。互联网可以很好地服务消费者，就是因为后台有大家看不见的云计算。

有了互联网、数据和计算，我们就可以用与过去不一样的方法来思考问题、解决问题。几个人的小企业可能做成以前传统企业几万人才能做到的事情，而大企业也可以像中小企业一样灵活多变，这让大众创业、万众创新有了更多的可能。请看看如下企业家的感受：

万事利总裁李建华

中国丝绸没有赶上第一、二次工业革命的机遇，但赶上了"互联网＋"的时代。当然，"互联网＋"不是简单地把丝绸产品放到网上，而是要用"互联网＋"思维，从消费者的需求出发，生产消费者需要的健康产品。我们设计的一款"星座丝绸"，配上鲜花，没有任何推广，"情人节"当日卖出了10万份，这在以前是无法想象的。

汉帛国际集团总裁高敏

做企业，不仅仅是为了赚钱。以前，不同工厂都在用同样面料生产同款衣服，造成很大的资源浪费，如何避免这一现象呢？"互联网＋"就是个很好的途径。我们在全国有200多家直销门店，我们可根据这些门店采集的顾客数据，实现个性化服装定制，而这些数据，我们可通过自己的导购平台，分享给我们的客户和合作伙伴。

德意集团董事长高得康

传统企业可以用互联网做很多事情。比如，以前我们做市场调查，用小礼品请来了一些消费者，得到的是失真的信息，而从京东、阿里导出来的数据，点赞的和吐槽的都有，信息就真实得多。此外，我们的厨电产品能否更智能一些？比如，能不能将抽油烟机变成一台空气交换机？烤箱能不能变成一本菜谱？我们正在积极拥抱"互联网+"。

泰一指尚董事长江有归

"互联网+"确实带来了很多变革，我们是一家大数据营销企业，主要就是帮助传统媒体和传统企业转型。以姚生记为例，其竞争对手是谁？"三只松鼠"。那我们就可以结合它的营销重点，通过数据分析，帮助企业建一套互联网营销平台。目前，我们已为近500家汽车、快消品、电商、教育等行业客户提供卓有成效的广告营销服务。

1. 创业人应该具有的互联网思维

但凡做企业的，不管是创业的还是在互联网冲击下转型升级的传统行业企业家，都应该具有"互联网思维"。但究竟什么是互联网思维？我们理解的互联网思维是这样的：

1）互联网思维是相对于工业化思维而言的

一种技术从工具属性、从应用层面到社会生活，往往需要经历很长的过程。珍妮纺纱机从一项新技术到改变纺织行业，再到后来被定义为工业革命的肇始，影响东西方经济格局，其跨度至少需要几十年。互联网也同样。但因为这种影响是滞后的，所以，我们就难免会处于身份的尴尬之中：旧制度和新时代在我们身上会形成观念的错位。越是以前成功的企业，转型越是艰难，这就是克莱顿·克里斯坦森讲到的"创新者的窘境"——一个技术领先的企业在面临突破性技术时，会因为对原有生态系统的过度适应而面临失败。现在很多传统行业的企业，面临的就是这种状况。这种困境可以叫做"工业人"要变成"数字人"的困境。

2）互联网思维是一种商业民主化的思维

工业化时代的标准思维模式是：大规模生产、大规模销售和大规模传播，这三个大可以称为工业化时代企业经营的"圣三位一体"。但是互联网时代，这三个基础被解构了。工业化时代稀缺的是资源和产品，资源和生产能力被当作企业的竞争力，现在不是了，产品更多地是以信息的方式呈现的，渠道垄断很难实现。最重要一点，媒介垄断被打破了，消费者同时成为媒介信息和内容的生产者和传播者，您再希望通过买通媒体单向度、广播式制造热门商品诱导消费行为的模式不成立了。这三个基础被解构以后，生产者和消费者的权力发生了转变，消费者主权形成。

3）互联网思维是一种用户至上的思维

以前的企业也会讲用户至上、产品为王，但这种口号要么是自我标榜，要么真的是出于企业主的道德自律，但在具体的实施中很难做到。但是在现在这个数字时代，在消费者主权的时代，用户至上不但是您不得不这样的行为，而且也为您提供了有效的技术支持，如互联网对用户的数据分析然后研判用户的消费习惯和需求等。淘宝卖家"见面就是亲，有心就有爱"是真实的情绪，因为好评变成了有价值的资产。商业民主和商业专制的区别就在于，前者是不得不对用户好，后者是出于道德自律。

4）互联网思维下的产品和服务是一个有机的生命体

在功能都能被满足的情况下，消费者的需求是分散的、个性化的，购买行为的背后除了对功能的追求之外，产品变成了他们展示品味的方式。这样，消费者的需求就不像单纯的功能需求那样简单和直接，所以，对消费者需求的把握就是一个测试的过程，要求您的产品是一个精益和迭代的过程，根据需求反馈成长。小米手机每周迭代一次，微信第一年迭代开发了44次，就是这个道理。

5）互联网思维下的产品自带了媒体属性

因为需求和品味相关联，也就是和人性相关联，所以，互联网思维下的产品就是极致性能＋强大的情感诉求。这两样东西都会自传播。现在看到一些和互联网相关的企业，还在开新闻发布会，还在把硬广当制胜利器，都是互联网思维不充分的体现。

6）有互联网思维的创业企业组织一定是扁平化的

互联网思维强调开放、协作、分享，组织内部也同样如此，它讲究小而美。大而全、等级分明的企业很难贯彻互联网思维，不管是对用户还是对员工。创业人都羡慕小米、极路由这样的极速发展，但如果不能在观念上进行改变，那么，不管您做的是APP还是其他，您本质上还是一个传统企业。

综上所述，初创企业必须有互联网思维，如果没有互联网思维，在这瞬息万变的信息时代里，初创企业如果想走得更远那是根本不可能的。

如果说互联网是"道"，是指导思想，那么，在创业过程中，我们还需要互联网的"术"来帮助我们顺利开展企业的运营管理。在本章节，我们重点讲述初创企业的微营销和自媒体运营。

2. 初创企业的微营销

作为初创企业，在互联网思维下的高速信息化时代，微营销是初创企业始终要面对的一种有效的营销模式。初创企业应该学会熟练使用它。

这里说的微营销，更多的是指微信微博。移动互联网的快速发展，使微博微信成为当下最快捷、时尚的社交工具，尤其是微信点对点的精准营销方式,创造了一种与当代营销截然不同的"指尖上的营销平台",迎合了现代人的消费方式和消费心理。

根据中国互联网信息中心发布的数据显示,网民使用移动平台上网的达到7亿,而且随着移动4G等网速的提升,为微营销打下了厚实的基础。为此,初创企业必须与微营销接轨,才能使企业走得更远更踏实。

1)微博、微信的不同特点

A. 微博的公开性与微信的封闭性

微博天生就是一个传播和媒体的工具,而微信最早的出发点和核心是社交工具。

微博就像是在广场上的演讲,可以迅速广而告之,人与人之间不需要特定的关系维系,任何人都可以发表消息,任何人都可以旁听,你可以把消息传出去,也可以发表你自己的想法和观点。

而微信就像我们朋友圈子在自家举行的沙龙聚会,这是一个封闭的社交圈,不是朋友的或者没有经过邀请的,就不能参加这个聚会。另外,受限于我们的朋友和微信的圈子限制,就是通常说的"人以群分",一个圈子交往的大多数人的见识、视野等大致是一致的,这会直接影响到我们对消息的判断,会出现趋同化的倾向;另外,微信里大家都是熟人、朋友、生意伙伴,即使你说的观点我不同意,碍于面子我也不会反驳。在微博里,即使是批评性的评论也是在帮助信息进一步传播,甚至帮助传播得更广。

所以,微博的开放性让信息能得到快速更新,去伪存真,及时纠错。而微信的封闭性在信息迭代上容易滞后,我们获取的信息容易受圈子的限制(包括个人和关注的公众账号),纠错能力会相对较低。

B. 信息发散性流动与点对点流动

微博与微信两者之间最重要的差别：微博重信息发散状流动，微信重信息点对点流动。

微博消息发布后，可以形成迅速传播，杜子建在《微力无边》里提到"传播，就是人的接力"。微博的信息发布后，会经历一个相对较慢的传播过程，而当用户转发积累到某个点的时候（这个点和围观者的数量、质量有很大关系），会出现一个非常快速的增长的过程。这是典型的"蒲公英式"传播。尤其是凭借大V的号召力，可以完成非常广泛的传播，它又同时影响到其他微博帮助传播，而这些微博都拥有一定数量的粉丝量，其本身就有很大的传播率，迅速形成信息洪流，遍地开花，星星之火形成燎原之势。

反观微信，它更具有朋友圈子的特性，是个深社交的平台，用户发布的内容虽然没有限制，但是影响到的只是朋友圈，一个即使特别好的观点或者信息，非通讯录里的其他人是看不到的，同时由于用户原创的内容不能转发，这不能行成有效果二次传播、造成了信息传播的中止，在这点上，微信不能形成某条信息的信息洪流，无法引爆。

微博相比微信的优势就体现在信息传播的速度和广度上，但由于微信是好友间的传播，这种信息的真实性更容易被人接受。

C. 微博微信产品的设计与限制

微博由于媒体性的特性，在产品设计上是极力鼓励用户去转发和传播信息的。在微博里，你看到感兴趣的信息，只需要点击

"转发、确定",瞬间将信息转发到微博里,它的快速转发使用户在信息对自己造成的影响的同时马上参与该信息的转发传播,既是围观者也是参与者,形成病毒式的链式传播。微博在信息发布上是没有任何限制的,这适合于系列事件和重大事件的状态的及时跟进和传播,比如马航失联事件;但是频繁的信息骚扰会极大地影响到用户的体验和感受,信息过于频繁会给用户造成困扰,最终造成用户流失甚至品牌的负面影响。

而在微信中,由于开发者极端地注意用户体验,避免信息骚扰,在基于社交内核的基础上,信息传播速度以及便捷性都做了大量限制。比如我们在"朋友圈"中原创发布的普通内容并不能被直接转发,用户看到感兴趣的内容必须先复制或截屏,这大大地增加了用户的操作成本,极大地限制了内容的快速传播,不能行成有效的二次传播、造成了信息传播的中止。

比如目前微信公众平台每天只能群发一条信息,信息折叠,像马航这种系统性的大事件不能及时跟进更新信息,单一信息的冲击力和传播力有限,无法形成一套组合拳。同时,一条帖子的转发和传播是有数量限制的,当分享到一定数量时,后面转发者只有自己可以看到,但是你的朋友们却看不到,这样就很容易造成信息搁浅,信息不会形成病毒式传播。但是,由于极大地照顾到了用户的体验,用户的忠诚度和使用频率会大大增加,高质量的用户很容易在微信平台沉淀和积累下来。

D. 微博微信的特性差异和企业定位

微博是广传播、浅社交、松关系;微博信息传播很广,但是用户之间的关系是很浅的,彼此之间即使没有关注也可以互动、查看,这就造成了用户之间的关系纽带很松散,可以随时流失或者中止。同时信息传播的高频率的更新会造成用户的信息遗漏，找不到自己想要的信息。如果企业需要进行品牌曝光以及营销活动的推广，微博的传播是病毒式几何级传播，速度极快，从这个角度上说，微博非常适合打造企业品牌和推广。

微信是窄传播、深社交、紧关系；微信传播信息范围相对有限，但是用户之间必须是好友关系，熟人关系，这种关系的维护和纽带在线上和线下都相当紧密，彼此之间有现实情感维系。同时微信的信息是主动关注，主动获取，用户关心的都是自己想要的信息，从而使信息的传播更加精准化。现在是大数据分析、精准营销、效果营销、许可营销的时代，微博过多信息很难精准定位客户，微信可以让企业与客户进行高效沟通，加深顾客对品牌的忠诚度，继而为企业带来再次消费与口碑效应，这种传播速度虽然慢但影响却极深，信任度很高。因此相比而言，微信更适合做销售转化以及客户关系管理，包括客服、交易、重复消费、售后维护等。

所以，无论是微博还是微信，它们都有自己的优势和用处，我们应该充分利用平台的差异性和特点为创业服务，达到事半功倍的效果！

2）浅析企业微信营销

微信营销是伴随着微信的火热兴起的一种网络营销方式。微信营销是富媒体、移动式、全天候营销，消费者可以随时随地地通过手机或者平板电脑等媒介来获取信息。

从AISAS模式来分析微信营销模式优势

AISAS模式指的是针对互联网与无线应用时代消费者生活形态的变化，从而提出的一种消费者行为分析模式。随着互联网和移动应用的发展，消费者的生活、学习、工作等方方面面发生改变。在消费者的生活轨迹里，除却看电视、报纸，互联网和手机创造出来的生活方式也成为消费者的主要生活部分。

AISAS模式表明，在互联网时代，消费者接触到商品或者服务的信息达成购买后还会进行信息分享，从而影响其他的消费者，并经历如下五个阶段：

- 引起注意（attention）
- 激发兴趣（interest）
- 信息搜索（search）
- 产生行动（action）
- 信息分享（share）

a. 注意（attention）

在微信的公众平台发布信息或者使用朋友圈发布信息很容易引起消费者的注意并附赠产品图片等方式使消费者接触产品信息，通过全方位的传播引起潜在消费者的注意，同时也实现普通大众与潜在消费者之间的分流。

b. 兴趣（interest）

在注意的前提下，消费大众对微信营销传播的产品信息"点到为止"，但是产品真正的消费者的兴趣将会被激发，在告知的基础上会对产品进行更深入的了解。微信营销是一对一的精准营销，对产品感兴趣的潜在消费者可以对信息发布者提出自己的问题，信息发布者也可以及时的回答，通过双方的沟通，打消潜在消费者在购买前的顾虑，让潜在消费者变成真正意义上的消费者。

c. 搜索（search）

互联网的发展，让搜索变成了一件轻而易举的事情。通过搜索引擎搜索产品的相关信息，在形成了一定认知后，消费者对产品就会有购买使用的欲望。

d. 行动（action）

经过多方搜索比较和对朋友的询问下，大多数消费者会出于信赖尝试进行第一次购买，有了第一次购买并产生好的体验后会产生重复购买。当然这之后的重复购买必然是建立在产品过硬，良好的服务这些基础之上的。

e. 分享（share）

在购买之后，消费者的不信任感在渐渐地消逝，对产品和服务有自己的购买体验，便会在微信朋友圈，微博或者是其他的渠道进行口碑宣传。人们会把自己的购买的商品、服务拿出来分享。而且自这个分享开始又是新的一轮微信营销开始。这些分享能够引起新的消费者的注意和兴趣。特别是在朋友圈里面的分享，出于对朋友的信任，便会对朋友的朋友信任，形成了一个信任的网络。也可以通过发放连接，分享给好友，通过消费者来影响消费者是增加信任感的有效途径。

AISAS模式将信息搜索与信息分享作为最重要的两个环节，通过其他微信好友及好友的好友分享的购买经验做出购买决策，通过微信公众平台或者微信朋友圈实现消费者与微商的互动，让更多的消费者参与到企业营销活动中区，实现企业的营销目标。

3）微信营销的注意事项

作为采用微信营销的创业者，刚开始没有微信营销的经验，具体表现为：

A. 没有足量的好友数量。

前期至少要有150个左右的好友且一定是高质量的好友，这样才能达到微信营销的效果。当然后期可以通过其他方式增加好友和粉丝。

B. 微信营销一定要注重好友印象。

如果您是在淘宝或者其他地方卖产品，或许还不用关注这一点。但是对于微信营销来说这一点显得至关重要，微信营销一开始都是从朋友开始的，如果您的好友都对您没有一个可观的印象，那您又凭什么吸引其他消费者？

C. 微信营销靠的是文案功底来打动潜在消费者。

如果只是盲目地宣传产品的内容，发布产品的图片，没有打动人心的文字描述是不能吸引消费者的。

D. 微信营销的使用者对于如何高效地使用微信没有认识，只是盲目地顺应自己的心情去做微信营销，这样也就犯了很多错误。

如：①刷频：这里所讲的刷频是只发一种形式的微信，如发布产品的微信，只有衣服图片、尺码和颜色介绍。在短时间内连发多条微信，建议一小时内不要超过两条微信，并且要发不同形式的微信。

②只发广告：在微信上除了宣传您的产品外，没有其他的微信内容，这是一个很大的忌讳，尤其是个人微信。应该生活和工作相结合，个人的和产品的都要两者兼顾。

③没有互动：从来不和微信上的好友互动，不评论人家的微信，也从不和任何朋友沟通，完全在自己的世界里，这样也是一个大忌。

④内容空洞：一天要发布很多款产品微信，就没有时间去用心编辑内容，就成了一个简单的广告发布。如衣服的就是图片、尺码、颜色的介绍，其他就没了，很死板。建议认真用心编辑每一条微信，每天不同的内容，不同的形式，阅读的朋友都不会觉得枯燥无味，甚至认为关注您的微信很有意思，很有价值，可以学到很多东西。

都说细节决定成败，对于做微信营销的创业者来说是否重视细节，也是其微信营销能否成功的关键。对于大多数创业者来说，微信营销也是一种情感营销，一定要重视顾客情感，关注顾客的心理。有人说微信营销是一种打鸡血式的营销，它需要信息发布者情绪饱满地宣传自己和产品，跟朋友圈里的好友互动或者点赞送礼。如果您做不到这些，那么您的微信营销就会显得步履维艰。

3. 初创企业的自媒体营销

1）初创企业为什么要有自媒体?

今天的自媒体和当年的博客是完全不同的，今天的自媒体建立在社交工具之上，而之前的博客建立在流量之上。所以博客时代的自媒体商业化失败，因为其本质还是一个媒体报道，需要门户网站的推荐，才能带来用户和流量。

今天的自媒体已经完全可以脱离门户流量的模式存在了，大家用微博微信QQ等各种工具，都可以传播自己发布的内容，从而吸引粉丝。自媒体平台如微博、微信、搜狐新闻客户端等。这是独立的自媒体得以自立门户的重要原因，除非平台本身的封杀，是没有人可以阻挡您内容的扩散的。这是最大的不同。

2）自媒体对初创企业有哪些帮助？

A. 自媒体就是一个媒体

如果自媒体不是一个媒体的话，那就没有公信力，就不能进行广告推广，就失去了自媒体的作用。

B. 可以为企业公关宣传

多写些软文，把产品广告隐藏其间，这样传播的速度就会快，可以节省更多的推广费用。

C. 电商

作为电商工具销售公司产品。

D. 咨询

作为回答消费者疑问咨询的互动平台，增加同消费者之间的互动，从而让产品更赢得消费者的青睐。

E. 培训

作为消费培训的网上基地。

F. 新闻发布

初创企业为了扩大宣传效果，可以把自媒体作为企业新闻发布的平台，时时更新企业的有利新闻。让消费者进一步了解企业了解产品。

3）运营自媒体要注意的事项

第一件事，自媒体不能做虚假宣传。虚假宣传只能让企业活得一时，不能让企业长期发展下去，一旦被识破，您的企业产品就会被消费者抛弃，从而导致创业失败。

第二件事，产品质量必须过硬。作为初创企业，生产的产品或者代理的产品质量都不过硬，消费者一次性消费而且怨声载道，试想您的企业还能走多远？

第三件事，不要拒绝和媒体合作推广。好的内容一样需要好的渠道，过硬的产品就不要害怕宣传推广。这样同各类媒体合作，花最少的钱办最有利的事。

【卓商荟·创业故事】第16期沙龙分享案例

当"二房东"触电互联网

住过合租房的人恐怕都会留下一个印象：合租房环境差，管理乱，很多房间甚至是用木板隔断而成，安全效果令人担忧。但如果合租房遇上了互联网思维又会产生什么化学作用呢？"优客逸家"的创始人刘翔用他的亲身经历为我们做出解答：两年时间，刘翔仅凭着60万启动资金和头脑中的互联网思维打造出了估值8000万美元的租房品牌"优客逸家"，在都市长租领域掀起了一场颠覆式的行业风暴。不得不说，这是互联网创造出来的又一个商业奇迹。

刘翔是做线上旅游起家的，在互联网界摸爬滚打近十年，血液中流淌的都是互联网的基因。2011年，在北京创业失败的刘翔带着借来的60万元来到成都寻找项目。一位做"二房东"生意的朋友前来看望他，一下子给他带来了创业的灵感。所谓"二房东"就是把房子租进来之后，经过分割，再一间一间转租出去。这本来是一个毫无技术含量的行业，但刘翔却在其中找到了瞬间触电的感觉："我能不能把互联网思维融入进去，用互联网来改变传统行业？"

他首先来到上海调查取经。在上海有很多二房东规模做得非常大，手中有几千套房源的不乏其人，但他们只想着把眼前利益最大化，房子简单用木板隔开，配上旧家具，结果就是房间又旧又乱，租客住在里面根本谈不上尊严和居住质量。

刘翔自己也曾是"租房一族"，对这种租房现状深有体会，于是在心里暗暗琢磨起来：怎么才能让租客既住得起，又住得好呢？他的办法就是参照线下连锁酒店模式，在鱼龙混杂的租房领域打造出一个租房品牌。在这条思路之下，优客逸家就此诞生了。

既然是要打造品牌，刘翔为优客逸家制定了三条原则：

- 产品标准化
- 服务品牌化
- 居住社交化

所谓"产品标准化"，就是优客逸家的每一间房间装修风格必须统一。为此刘翔专门请到宜家的一位全国冠军设计师，"宜家式"设计风格注重简约性、实用性和空间感、现代感，装修成本低、可复制，同时也深受年轻人喜欢，作为优客逸家的统一风格，再适合不过了。

接下来就是"服务品牌化"，这也是互联网思维的核心要点。合租人群最需要的是哪些服务？刘翔通过调查得出结论：水电费代缴、公共区域清洁以及快速的网络。针对这些核心需求，刘翔推出了20M免费光纤、水电费自动代缴和每月两次的公共区域保洁服务，虽然因此不得不多征收每月房租10%的管理费用，但也有效提高了租客的生活品质，赢得了良好的反馈。

第三是"居住社交化"，随着优客逸家的规模逐渐做大，为了给大家营造一个家的感觉，刘翔尽可能地根据每个人的作息时间、兴趣爱好等因素分配调整房间，尽量让每位租客都能在这里找到志趣相投的朋友。此外，刘翔还与银行合作，为租客提供信用卡担保、推出信用卡月付房租服务，同时还着手建立线上社区，打造社区O2O。以优客逸家作为平台的无数种可能性就像一幅画卷在刘翔脑海中缓缓展开。对于刘翔而言，优客逸家的成功只是他互联网商业帝国梦的一个开始，面对着众多充满潜力的年轻房客，刘翔对未来充满了信心。

第十四章 商业计划书的撰写

重点内容提要

· 商业计划书的重要性

· 如何撰写商业计划书

---

1. 商业计划书的重要性

　　凡事预则立，不预则废，创业也是如此。作为创业，我们之前已经做了大量的市场调研，也有了好的产品项目，也找到了我们的目标市场，但是这一切，我们都应该用撰写编制商业计划书的形式，把我们之前做的各种创业准备工作固定下来，并对这份计划书再次进行推敲讨论和斟酌。商业计划书作为项目立项的一个重要环节，不只是能够方便创业人自己再次讨论和检视，同时也能为创业人和投资人提供很好的沟通桥梁。所以一份好的商业计划书，首先是把计划中要创立的企业推销给创业人自己。其后还能帮助把计划中的企业推销给风险投资人。

好的商业计划书，能够帮助您：

（1）获得风险投资

优秀的商业计划书能把公司和项目的优势、潜力、运营思路、商业模式等完美地展现给投资者，从而获得风险投资商的青睐。

（2）获得政府资金注入

直接上报到发改委，实现创业风险投资支持。

（3）到银行贷款

现在部分银行也涉足了风险投资领域，这类商业计划书与专业风险投资商、财团要求的内容基本一致。

（4）企业并购

被收购的企业为了体现自身的优势和价值，往往要策划完善的商业计划书，从而在并购过程中获得主动权和竞争优势，实现企业的收益目标。

（5）规划公司和项目

酝酿中的项目往往很模糊，通过编写商业计划书，可以把完整可行的创业投资行为跃然纸上。撰写商业计划书的过程，就是帮助创业者进一步理清思路、反复推演创业项目可行性的过程。

（6）对已建的风险企业来说，商业计划书可以为企业的发展定下比较具体的方向和重点，从而使员工了解企业的经营目标，

并激励他们为共同的目标而努力。

（7）可以使企业的出资者以及供应商、销售商等了解在建企业的经营状况和经营目标，说服出资者（原有的或新来的）为企业的进一步发展提供资金。

2. 如何撰写商业计划书

1）撰写编制商业计划书，应做到以下几点：

A. 关注产品

在商业计划书中，应提供所有与企业的产品或服务有关的细节，包括企业所实施的所有调查。

这些问题包括：

产品正处于什么样的发展阶段？

它的独特性怎样？

企业分销产品的方法是什么？

谁会使用企业的产品，为什么？

产品的生产成本是多少，售价是多少？

企业发展新的现代化产品的计划是什么？

把出资者拉到企业的产品或服务中来，这样投资者就会和风险企业家一样对产品有兴趣。在商业计划书中，企业家应尽量用简单的词语来描述每件事——商品及其属性的定义对企业家来说是非常明确的，但其他人却不一定清楚它们的含义。

制订商业计划书的目的不仅是要出资者相信企业的产品会在

世界上产生重要影响，同时也要使他们相信企业有证明它的证据。商业计划书对产品的阐述，要让出资者感到：噢，这种产品是多么美妙、多么令人鼓舞啊！

B. 敢于竞争

在商业计划书中，风险企业家应细致分析竞争对手的情况。

竞争对手都是谁？

他们的产品是如何工作的？

竞争对手的产品与本企业的产品相比，有哪些相同点和不同点？

竞争对手所采用的营销策略是什么？

要明确每个竞争者的销售额，毛利润、收入以及市场份额，然后再讨论本企业相对于每个竞争者所具有的竞争优势。要向投资者展示，顾客偏爱本企业的原因是：

本企业的产品质量好；

送货迅速；

定位适中；

价格合适，等等。

商业计划书要使它的读者相信，本企业不仅是行业中的有力竞争者，而且将来还会是确定行业标准的领先者。在商业计划书中，企业家还应阐明竞争者给本企业带来的风险以及本企业所采取的对策。

C. 了解市场

商业计划书要给投资者提供企业对目标市场的深入分析和理解。要细致分析经济、地理、职业以及心理等因素对消费者选择购买本企业产品这一行为的影响，以及各个因素所起的作用。

商业计划书中还应包括一个主要的营销计划，计划中应列出本企业打算开展广告、促销以及公共关系活动的地区，明确每一项活动的预算和收益。商业计划书中还应简述一下企业的销售战略：

企业是使用外面的销售代表还是使用内部职员？

企业是使用转卖商、分销商还是特许商？

企业将提供何种类型的销售培训？

此外，商业计划书还应特别关注一下销售中的细节问题。

D. 表明行动的方针

企业的行动计划应该是无懈可击的。商业计划书中应该明确下列问题：

企业如何把产品推向市场？

如何设计生产线，如何组装产品？

企业生产需要哪些原料？

企业拥有哪些生产资源，还需要什么生产资源？

生产和设备的成本是多少？

企业是买设备还是租设备？

解释与产品组装，储存以及发送有关的固定成本和变动成本的情况。

E. 展示您的管理队伍

把一个思想转化为一个成功的风险企业，其关键的因素就是要有一支强有力的管理队伍。这支队伍的成员必须有较高的专业技术知识、管理才能和多年工作经验，要给投资者这样一种感觉：看，这支队伍里都有谁！如果这个公司是一支足球队的话，他们就会一直杀入世界杯决赛！管理者的职能就是计划、组织、控制和指导公司实现目标的行动。在商业计划书中，应首先描述一下整个管理队伍及其职责，然而再分别介绍每位管理人员的特殊才能、特点和造诣，细致描述每个管理者将对公司所做的贡献。商业计划书中还应明确管理目标以及组织机构图。

F. 出色的计划摘要

商业计划书中的计划摘要也十分重要。它必须能让读者有兴趣并渴望得到更多的信息，它将给读者留下长久的印象。计划摘要将是风险企业家所写的最后一部分内容，但却是出资者首先要看的内容，它将从计划中摘录出与筹集资金最相干的细节：

包括对公司内部的基本情况；

公司的能力以及局限性；

公司的竞争对手；

营销和财务战略；

公司的管理队伍等情况的简明而生动的概括。

如果公司是一本书，它就像是这本书的封面，做得好就可以把投资者吸引住。它会使风险投资家有这样的印象：这个公司将会成为行业中的巨人，我已等不及要去读计划的其余部分了。

2）商业计划书的内容

A. 计划摘要计划摘要

列在商业计划书的最前面，它是浓缩了的商业计划书的精华。

计划摘要涵盖了计划的要点，以求一目了然，以便读者能在最短的时间内评审计划并做出判断。

计划摘要一般要包括以下内容：

公司介绍；

主要产品和业务范围；

市场概貌；

营销策略；

销售计划；

生产管理计划；

管理者及其组织；

财务计划；

资金需求状况等。

在介绍企业时，首先要说明创办新企业的思路，新思想的形成过程以及企业的目标和发展战略。

其次，要交代企业现状、过去的背景和企业的经营范围。在这一部分中，要对企业以往的情况做客观的评述，不回避失误。中肯的分析往往更能赢得信任，从而使人容易认同企业的商业计划书。

最后，还要介绍一下风险企业家自己的背景、经历、经验和特长等。企业家的素质对企业的成绩往往起关键性的作用。在这里，企业家应尽量突出自己的优点并表示自己强烈的进取精神，以给投资者留下一个好印象。

在计划摘要中，企业还必须要回答下列问题：

（1）企业所处的行业，企业经营的性质和范围；

（2）企业主要产品的内容；

（3）企业的市场在哪里，谁是企业的顾客，他们有哪些需求；

（4）企业的合伙人、投资人是谁；

（5）企业的竞争对手是谁，竞争对手对企业的发展有何影响。

摘要要尽量简明、生动。特别要详细说明自身企业的不同之处以及企业获取成功的市场因素。如果企业家了解他所做的事情，摘要仅需两页纸就足够了。如果企业家不了解自己正在做什么，摘要就可能要写20页纸以上。因此，有些投资家就依照摘要的长短来把麦粒从谷壳中挑出来。

B.　产品（服务）介绍

在进行投资项目评估时，投资人最关心的问题之一就是：风险企业的产品、技术或服务能否以及在多大程度上解决现实生活中的问题，或者，风险企业的产品（服务）能否帮助顾客节约开支、增加收入。

因此，产品介绍是商业计划书中必不可少的一项内容。通常，产品介绍应包括以下内容：

产品的概念；

性能及特性；

主要产品介绍；

产品的市场竞争力；

产品的研究和开发过程；

发展新产品的计划和成本分析；

产品的市场前景预测；

产品的品牌和专利。

在产品（服务）介绍部分，企业家要对产品（服务）做出详细的说明，说明要准确，也要通俗易懂，使不是专业人员的投资者也能明白。一般的，产品介绍都要附上产品原型、照片或其他介绍。

一般地，产品介绍必须要回答以下问题：

（1）顾客希望企业的产品能解决什么问题，顾客能从企业的产品中获得什么好处？

（2）企业的产品与竞争对手的产品相比有哪些优缺点，顾客为什么会选择本企业的产品？

（3）企业为自己的产品采取了何种保护措施，企业拥有哪些专利、许可证，或与已申请专利的厂家达成了哪些协议？

（4）为什么企业的产品定价可以使企业产生足够的利润，为什么用户会大批量地购买企业的产品？

（5）企业采用何种方式去改进产品的质量、性能，企业对发展新产品有哪些计划等等。

产品（服务）介绍的内容比较具体，因而写起来相对容易。虽然夸赞自己的产品是推销所必需的，但应该注意，企业所做的每一项承诺都是搭槐收当，都要努力去兑现。要牢记，企业家和投资家所建立的是一种长期合作的伙伴关系。空口许诺，只能得意于一时。如果企业不能兑现承诺，不能偿还债务，企业的信誉必然要受到极大的损害，因而是真正的企业家所不屑为的。

C. 人员及组织结构

有了产品之后，创业者第二步要做的就是结成一支有战斗力的管理队伍。企业管理的好坏，直接决定了企业经营风险的大小。而高素质的管理人员和良好的组织结构则是管理好企业的重要保证。因此，风险投资家会特别注重对管理队伍的评估。企业的管理人员应该是互补型的，而且要具有团队精神。

一个企业必须要具备负责产品设计与开发、市场营销、生产作业管理、企业理财等方面的专门人才。在商业计划书中，必须要对主要管理人员加以阐明，介绍他们所具有的能力，他们在本企业中的职务和责任，他们过去的详细经历及背景。

此外，在这部分商业计划书中，还应对公司结构做简要介绍，包括：

公司的组织机构图；

各部门的功能与责任；

各部门的负责人及主要成员；

公司的报酬体系；

公司的股东名单，包括认股权、比例和特权；

公司的董事会成员；

各位董事的背景资料。

D.　市场预测

当企业要开发一种新产品或向新的市场扩展时，首先就要进行市场预测。如果预测的结果并不乐观，或者预测的可信度让人怀疑，那么投资者就要承担更大的风险，这对多数风险投资家来说都是不可接受的。

市场预测首先要对需求进行预测：

市场是否存在对这种产品的需求？

需求程度是否可以给企业带来所期望的利益？

新的市场规模有多大？

需求发展的未来趋向及其状态如何？

影响需求都有哪些因素？

其次，市场预测还要包括对市场竞争的情况——企业所面对的竞争格局进行分析：

市场中主要的竞争者有哪些？

是否存在有利于本企业产品的市场空当？

本企业预计的市场占有率是多少？

本企业进入市场会引起竞争者怎样的反应，这些反应对企业会有什么影响？等等。

在商业计划书中，市场预测应包括以下内容：

市场现状综述；

竞争厂商概览；

目标顾客和目标市场；

本企业产品的市场地位；

市场区格和特征等等。

风险企业对市场的预测应建立在严密、科学的市场调查基础上。风险企业所面对的市场，本来就有更加变幻不定的、难以捉摸的特点。因此，风险企业应尽量扩大收集信息的范围，重视对环境的预测和采用科学的预测手段和方法。风险企业家应牢记的是，市场预测不是凭空想象出来，对市场错误的认识是企业经营失败的最主要原因之一。

E. 营销策略

营销是企业经营中最富挑战性的环节，影响营销策略的主要因素有：

（1）消费者的特点；

（2）产品的特性；

（3）企业自身的状况；

（4）市场环境方面的因素。最终影响营销策略的则是营销成本和营销效益因素。

在商业计划书中，营销策略应包括以下内容：

（1）市场机构和营销渠道的选择；

（2）营销队伍和管理；

（3）促销计划和广告策略；

（4）价格决策。对创业企业来说，由于产品和企业的知名度低，很难进入其他企业已经稳定的销售渠道中去。因此，企业不得不暂时采取高成本低效益的营销战略，如上门推销，大打商品广告，向批发商和零售商让利，或交给任何愿意经销的企业销售。

对发展企业来说，它一方面可以利用原来的销售渠道，另一方面也可以开发新的销售渠道以适应企业的发展。

F. 制造计划

商业计划书中的生产制造计划应包括以下内容：

产品制造和技术设备现状；

新产品投产计划；

技术提升和设备更新的要求；

质量控制和质量改进计划。

在寻求资金的过程中，为了增大企业在投资前的评估价值，风险企业家应尽量使生产制造计划更加详细、可靠。

一般地，生产制造计划应回答以下问题：

企业生产制造所需的厂房、设备情况如何？

怎样保证新产品在进入规模生产时的稳定性和可靠性？

设备的引进和安装情况，谁是供应商？

生产线的设计与产品组装是怎样的？

供货者的前置期和资源的需求量？

生产周期标准的制定以及生产作业计划的编制？

物料需求计划及其保证措施？

质量控制的方法是怎样的？

相关的其他问题。

G. 财务规划财务

规划需要花费较多的精力来做具体分析，其中就包括现金流量表，资产负债表以及损益表的制备。流动资金是企业的生命线，因此企业在初创或扩张时，对流动资金需要有预先周详的计划和进行过程中的严格控制；损益表反映的是企业的赢利状况，它是企业在一段时间运作后的经营结果；资产负债表则反映在某一时刻的企业状况，投资者可以用资产负债表中的数据得到的比率指标来衡量企业的经营状况以及可能的投资回报率。财务规划一般要包括以下内容：

（1）商业计划书的条件假设；

（2）预计的资产负债表；预计的损益表；现金收支分析；资金的来源和使用。可以这样说，一份商业计划书概括地提出了在筹资过程中风险企业家须做的事情，而财务规划则是对商业计划书的支持和说明。

因此，一份好的财务规划对评估风险企业所需的资金数量，提高风险企业取得资金的可能性是十分关键的。如果财务规划准备得不好，会给投资者以企业管理人员缺乏经验的印象，降低风险企业的评估价值，同时也会增加企业的经营风险，那么如何制订好财务规划呢？

这首先要取决于风险企业的远景规划，是为一个新市场创造一个新产品，还是进入一个财务信息较多的已有市场。着眼于一项新技术或创新产品的创业企业不可能参考现有市场的数据、价格和营销方式。因此，它要自己预测所进入市场的成长速度和可能获得的纯利，并把它的设想、管理队伍和财务模型推销给投资者。而准备进入一个已有市场的风险企业则可以很容易地说明整个市场的规模和改进方式。

风险企业可以在获得目标市场的信息的基础上，对企业头一年的销售规模进行规划。企业的财务规划应保证和商业计划书的假设一致。事实上，财务规划和企业的生产计划、人力资源计划、营销计划等都是密不可分的。

要完成财务规划，必须要明确下列问题：

（1）产品在每一个期间的发出量有多大？

（2）什么时候开始产品线扩张？

（3）每件产品的生产费用是多少？

（4）每件产品的定价是多少？

（5）使用什么分销渠道，所预期的成本和利润是多少？

（6）需要雇佣那几种类型的人？

（7）雇佣何时开始，工资预算是多少？等等。

H.　检查

在商业计划书写完之后，风险企业家最好再对计划书检查一遍，看一下该计划书是否能准确回答投资者的疑问，争取投资者对本企业的信心。

通常，可以从以下几个方面对计划书加以检查：

（1）您的商业计划书是否显示出您具有管理公司的经验。

如果您自己缺乏能力去管理公司，那么一定要明确地说明，您已经雇了一位经营大师来管理您的公司。

（2）您的商业计划书是否显示了您有能力偿还借款。

要保证给预期的投资者提供一份完整的比率分析。

（3）您的商业计划书是否显示出您已进行过完整的市场分析。

要让投资者坚信您在计划书中阐明的产品需求量是确实的。

（4）您的商业计划书是否容易被投资者所领会。

商业计划书应该备有索引和目录，以便投资者可以较容易地查阅各个章节。此外，还应保证目录中的信息流是有逻辑的和现实的。

（5）您的商业计划书中是否有计划摘要并放在了最前面。

计划摘要相当于公司商业计划书的封面，投资者首先会看它。为了保持投资者的兴趣，计划摘要应写得引人入胜。

（6）您的商业计划书是否在文法上全部正确。

如果您不能保证，那么最好请人帮您检查一下。计划书的拼写错误和排印错误能很快就使企业家的机会丧失。

（7）您的商业计划书能否打消投资者对产品／服务的疑虑。

如果需要，您可以准备一件产品模型。商业计划书中的各个方面都会对筹资的成功与否有影响。

后　记

　　这本创业辅导基础读物终于写完了。我的心情又激动又高兴。我从大学毕业起，就开始关注创业，关注创业人这个群体，一直到自己也参与了创业。对于创业人在创业路途上的种种奇闻逸事，我总是听得如痴如醉，为他们不懈努力而取得的成功感到高兴，同时也非常同情和理解创业路上的失败者。我也正是怀着这样一股敬佩且同情的心情将这本书写完，希望能为后面的创业人提供一些帮助。

　　其实这本书完稿的时候，正是我的一个创业项目即将走向终结的时候。创业两年多，这个项目犯了很多不该犯的错误。如果真要好好总结的话，所犯的错误肯定又是一箩筐。这些错误表面上看都体现为本书里面讲的很多技术性的问题，但实际上深挖产生这些技术性错误的根本原因却是应了一句古话：仁不带兵慈不理财。理论上知道应该怎么做不应该怎么做，但是在实际工作中并没有严格做到，长此以往，企业的问题自然会越来越多，从没有问题发展为小问题，从小问题发展为大问题，最后竟然成为了绝症，实在让人痛心。

这两年半的创业获得了大量的一手经验和教训。冒着被口水淹死或者被扔臭鸡蛋甚至被砸砖的风险，还是厚着脸皮把这本书尽快出版面世，让更多的读者朋友一睹为快。这样做，一是为了让更多的创业人少走弯路，减少沉没资本。二也是以这个形式警醒自己不要忘记在创业路上犯的错误。

此为后记。

余茂生

2015年8月25日星期二晚于成都